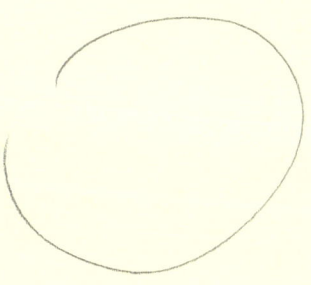

Tibetische Mythen und Gottheiten

Einblick in eine spirituelle Welt

Fabrice Midal

—

Tibetische Mythen und Gottheiten

Einblick in eine spirituelle Welt

Aus dem Französischen
von Rolf Remers

THESEUS VERLAG

Theseus im Internet: www.Theseus-Verlag.de
Wir senden Ihnen gern unseren Gesamtprospekt zu.

Die Deutsche Bibliothek – CIP-Einheitsaufnahme
Ein Titeldatensatz für diese Publikation ist bei
Der Deutschen Bibliothek erhältlich.
ISBN 3-89620-187-5

Die französische Originalausgabe *Mythes et dieux tibétains*
erschien bei Éditions du Seuil, Paris, Frankreich

Copyright © 2000 Éditions du Seuil

Copyright der deutschen Ausgabe
© 2002 Theseus Verlag, Berlin
Die Theseus Verlag GmbH ist ein Unternehmen der Verlagsgruppe Dornier.

1. Auflage, September 2002

Übersetzung aus dem Französischen: Rolf Remers
Lektorat: Michael Stürzer

Umschlaggestaltung: Morian & Bayer-Eynck, Coesfeld
Zeichnungen © Lokesh Chandra, *Buddhist Iconography*
Leider war es uns nicht möglich, für alle Abbildungen die Rechteinhaber zu ermitteln.
Berechtigte Ansprüche sind bitte an den Verlag zu stellen.
Gestaltung und Satz: Ingeburg Zoschke
Druck: Wiener Verlag, Himberg
Printed in Austria

ISBN 3-89620-187-5

Gedruckt auf alterungsbeständigem Papier mit chlorfrei gebleichtem Zellstoff.

»Eine Erscheinung der Neuzeit ist die Entgötterung.
Die Entgötterung ist der Zustand der Entscheidungslosigkeit
über den Gott und die Götter.
Aber die Entgötterung schließt die Religiosität so wenig aus,
daß vielmehr erst durch sie der Bezug zu den Göttern
sich in das religiöse Erleben abwandelt.
Ist es dahin gekommen, dann sind die Götter entflohen.
Die entstandene Leere wird durch die historische
und psychologische Erforschung
des Mythos ersetzt.«

Martin Heidegger: *Holzwege.* In: Martin Heidegger: Gesamtausgabe Band 5.
Frankfurt am Main: Vittorio Klostermann, 1977, S. 76.

Für Jeremy Hayward,

der mir als Erster die reale und lebendige Präsenz der Götter
aufgezeigt und damit meine zu abstrakte Konzeption und
Sichtweise des Buddhismus tief greifend verändert hat.

Für Robin Korman,

der sich mit seiner freien Denkungsart und seinem unstillbaren
Wissensdurst unermüdlich dafür einsetzt, dass der Dharma
im Westen ein lebendiger Pfad wird. Sein Beispiel,
seine Begeisterung, sein Rat und seine Erläuterungen hatten
einen entscheidenden Einfluss auf dieses Buch.

Für François Fédier,

der mir durch seine Darlegungen gezeigt hat,
dass alle Worte und Gedanken nur in Kontakt mit der Sicht
auf die wahre Natur der Dinge wahrhaftig sind.
Indem er die umfassende Präsenz und gleichzeitig die
bedauernswerte Zurückgezogenheit der griechischen Götter
berücksichtigte, eröffnete er mir bei zahlreichen Gelegenheiten
die Möglichkeit, über den westlichen Aspekt des
Göttlichen zu kontemplieren.

Dieses Buch beabsichtigt lediglich die Darstellung dessen,
was mir aufgezeigt wurde.
Möge in einer von Nihilismus geprägten Zeit die
lebendige Tradition des tibetischen Buddhismus alle fühlenden
Wesen darin unterstützen, den belebenden Weg der Gegenwart
des Göttlichen erneut zu finden, ohne den die menschliche
Existenz keine Vollkommenheit erlangen kann.

Danksagung

Mein Dank gilt Charles Dupêchez, Matthieu Ricard und Bruno Tyszler für das Korrekturlesen dieses Textes und die Anregungen, mit denen sie dieses Buch bereichert haben. Ich danke Sébastien Doerler für die Informationen über die Bön-Tradition, die er mir zur Verfügung gestellt und mit dem ihm eigenen Enthusiasmus erläutert hat. Dank auch an Philippe Cornu und Jérôme Ducor für ihre Unterstützung bei der Bewahrung einer einheitlichen Orthographie der Fachbegriffe aus dem Sanskrit und dem Tibetischen.

Inhalt

Einleitung

Tibet — Ein Schmelztiegel spiritueller Kulturen

Tibet ist ein karges Land, dessen weite Ebenen sich in einer Höhe von mehr als viertausend Metern erstrecken. Eisige Winde haben hier kahle, vegetationslose Landschaften geformt. Die Temperaturen liegen fast das gesamte Jahr unter dem Gefrierpunkt. Regenfälle sind selten, da sich die Regenwolken des indischen Monsuns an den Schneegipfeln und Gletschern des Himalaya stauen, die als einzige die großen Flüsse Tibets speisen.

Die Tibeter, die ihr Land seit jeher Pö nennen und diesem Namen gelegentlich das Wort Khawayen (Schneeland) anfügen, blicken zurück auf eine lange Geschichte als Kriegervolk, das Asien erbeben ließ und sich mutig den chinesischen, türkischen und arabischen Armeen entgegenstellte. Mit der Einführung des Buddhismus wandelten sich die Tibeter von einem Volk der Krieger in ein Volk der Mönche. Klöster nahmen die Stelle der Festungen ein.

Diese Verwandlung der Tibeter von einem barbarischen in ein durch den Buddhismus kultiviertes Volk gehört allerdings für einige spirituelle Meister und Historiker in den Bereich der buddhistischen Legende. Ihrer Auffassung nach gab es in Tibet bereits vor der Ankunft des Buddhismus eine hohe spirituelle Kultur.

Der Buddhismus, der aus Indien nach Tibet gelangte, war in dieser fernen Vergangenheit zweifellos nur in sehr wenigen Landstrichen bekannt. Er fand erst ab dem 5. Jahrhundert unserer Zeitrechnung eine größere Verbreitung, als der König Lhathori Nyentsen

die ersten Sammlungen der Lehrreden Buddhas nach Tibet bringen ließ. Die Verbreitung dieser Lehren im gesamten Land erfolgte
jedoch erst unter der Herrschaft der Könige Songtsen Gampo und
Trisong Detsen im 7. bis 9. Jahrhundert. Zu voller Blüte reiften sie
ab dem 10. und 11. Jahrhundert.

Anfänglich bildete der Buddhismus einen Gegensatz zu den
örtlichen Religionen, integrierte aber im Laufe seiner Verbreitung
bestimmte ausschließlich tibetische Gottheiten in seinen Pantheon.
Die seit dieser Zeit stetig wachsende Zahl buddhistischer Einsied-
ler und Mönche belegt den zunehmenden Einfluss des Buddhismus auf das Alltagsleben der Tibeter. Nach einer Schätzung lebte zu
Beginn des 20. Jahrhunderts jeder vierte Mann in einem Kloster.
Diese Entwicklung ist auch darauf zurückzuführen, dass die buddhistischen Klöster lange Zeit die einzigen Schulen und Bildungs-
stätten in Tibet waren.

Der Buddhismus wurde – ein Paradoxon der Geschichte – in
Indien durch den sich von Afghanistan bis Bengalen ausbreitenden
Islam verdrängt, konnte sich aber vor dem endgültigen Niedergang
in seinem Ursprungsland noch entlang der Seidenstraße verbrei-
ten. Heute ist von Ladakh bis Bhutan die Himalayaregion vom
tibetischen Buddhismus geprägt.

Mythos als politische Verfassung

Man kann sagen, die politische Geschichte Tibets beruht auf einer
Mythologie, wenn man den Begriff »Mythos« als die Überlieferung
von Ereignissen definiert, die religiös gefärbt, aber historisch nicht
belegbar sind. In dieser Mythologie Tibets werden die ersten, das
Land vereinende Könige als himmlische Wesen betrachtet. Diese
Vorstellung der mythologischen Herkunft der Herrscherdynastien
ist im Laufe der Jahrhunderte durch fahrende Sänger und Ge-
schichtenerzähler immer weiter verbreitet worden.

Der erste dieser himmlischen Könige war demnach Nyatri Tsenpo. Seine Waffen besaßen magische Kräfte, seine Rüstung legte sich von selbst an, seine Lanze und sein Schwert trafen aus eigener Kraft und sein Schild schützte ihn, ohne von ihm gehalten werden zu müssen. Eine Legende erzählt von seiner Ankunft in Tibet:

Zunächst, im Zeitalter des Buddha, gab es in dieser Region keine Menschen. Erst später ging dort eine menschliche Rasse aus der Vereinigung von Avalokiteshvara (in einer Manifestation als Affe) mit einer Felsdämonin hervor. Zu dieser Zeit, als Tibet ohne Religion, Gesetze und Herrscher sich selbst überlassen war, gebar die Frau des indischen Königs Satanika einen Sohn. Die Hände und Füße des Kindes hatten Schwimmhäute wie die eines Schwanes, seine Augenlider schlossen sich wie bei Vögeln von unten nach oben.

Der König sah in seinem Sohn kein menschliches Wesen und verbannte ihn nach einigen Lebensjahren aus seinem Reich. Geleitet von seinem Karma, irrte der Sohn durch die Lande und gelangte schließlich nach Tibet. Er traf auf einige Hirten, die ihn nach seiner Herkunft fragten. Da er mit dem Finger in den Himmel zeigte, nahmen sie an, dass er ein Gott sei. Sie bauten ihm aus Erde und Steinen einen Thron und ernannten ihn zu ihrem Oberhaupt.

Der König starb keinen weltlichen Tod, sondern kehrte über eine Lichtschnur (Mu-Schnur), die ihn mit dem Himmel verband, zurück in die Welt der Götter. Als Regenbogen stieg sein Körper in sein ursprüngliches Reich des Weltenraumes auf, wo ihn ein himmlisches Grabmal erwartete.

In der tibetischen Tradition ist die königliche Mu-Schnur oder Himmelsleiter ein Symbol der Verbindung zwischen Himmel und Mensch. Sie hat eine bedeutende Funktion bei den Hochzeits- und Geburtsritualen der Bevölkerung. In allen diesen Ritualen symbo-

lisiert eine auf dem Kopf befestigte mehrfarbige Schnur den göttlichen Ursprung des Menschen, der mit diesem Ritual eine Leiter
für den Aufstieg in die Himmelswelten erhält.

Von Drigum Tsenpo, einem König der nachfolgenden Gene-
ration, erzählt die Legende, er habe einen kriegerischen Charakter gehabt. Geblendet von seinem Stolz, führte er einen Kampf
gegen Lo-Ngam, den König des benachbarten Reiches. Lo-Ngam
erreichte mit einer List, dass König Drigum Tsenpo von seinen
Schutzgottheiten verlassen wurde. In dem anschließenden Kampf
durchtrennte Drigum Tsenpo unabsichtlich seine eigene göttliche
Schnur, die ihn mit dem Reich der Götter verband. Da sein Körper
somit auf der Erde verblieb, mussten für einen König das erste Mal
Beisetzungsrituale abgehalten und ein Grabmal errichtet werden.
Den himmlischen Königen folgten die Generationen der irdischen
Könige.

Ein gemeinsamer Punkt all dieser Legenden ist, dass sich die
Tibeter selbst als unkultivierte und ungehobelte Menschen aus
dem»Land der Schwarzköpfe« beschreiben. Ihre Hinwendung zum
Buddhismus betrachten sie als eine kostbare Gabe, die sie von ihrer
Barbarei befreit.

Der Buddhismus, so wird erzählt, gelangte durch eine wunder-
sam auf das Dach des Königspalastes gefallene Schatulle nach Tibet.
Diese Schatulle enthielt zwei buddhistische Texte, eine Stele, in die
das Mantra des Bodhisattva Avalokiteshvara graviert war, und einen
Reliquienschrein aus Gold.

Mit der Verbreitung des Buddhismus wurde Avalokiteshvara, in
Tibet Chenresig genannt, zur Schutzgottheit Tibets, da dieser in
weit zurückliegender Zeit das Gelübde abgelegt hatte, das Bauern-
volk der Tibeter zur Erleuchtung zu führen. Die Praktizierenden,
die bedauerten, dass der Buddha nie nach Tibet gekommen war,
sondern ihr Land der Dunkelheit und Unwissenheit überlassen
hatte, fühlten sich durch die Gegenwart von Chenresig nicht mehr
vollkommen verlassen.

Im weiteren Verlauf der Geschichte betrachteten die Tibeter ihre Anführer mehr und mehr als spirituelle Wesen. In ihren historischen Königen sahen sie sogar Emanationen von Bodhisattvas – Wesen, die ihre eigene Befreiung dem Wunsch, allen fühlenden Wesen zu helfen, unterordnen. Die Inkarnationen des Dalai Lama sind Teil dieser mythologischen Konzeption von Herrschaft. Sie gelten nicht als gewöhnliche Menschen, sondern als Emanationen von Avalokiteshvara, die als lebende Manifestationen des Göttlichen seit Jahrhunderten den Zusammenhalt des Landes gewährleisten.

Ein komplexes Pantheon

Die tibetischen Mythen basieren auf einem umfassenden Pantheon von Gottheiten und Göttern. So unterscheidet man beispielsweise zwischen Buddha Shakyamuni als historische Persönlichkeit, Buddha als kosmisches Prinzip, dessen Qualitäten jenseits aller Konzeptionen liegen und den fünf Manifestationen der Ur-Buddhas. Dazu kommen die Bodhisattvas, die Yidams (Schutzgottheiten der Meditation) und schließlich die sterblichen Götter und Gottheiten, die häufig an geographisch präzise bestimmbaren Orten leben. Ein Verständnis dieser Unterteilung in verschiedene Klassen von Göttern und Gottheiten, die ein wesentlicher Bestandteil der Betrachtungen dieses Buches ist, bildet die Grundlage, um das einheitliche Gesicht der tibetischen Mythologie trotz ihrer Komplexität zu erkennen.

Wenn soeben von Göttern und Gottheiten gesprochen wurde, so steht das in einem gewissen Widerspruch zur Terminologie des tibetischen Buddhismus, wo deutlich zwischen Göttern, Gottheiten, Buddhas und Yidams unterschieden wird. Würde man aber gleich zu Anfang dieses Buches die tibetischen Klassifizierungen einführen, so bestünde die Gefahr, dass sich dem Leser eine Fülle neuer Konzepte aufdrängen würde, die der unmittelbaren Erfahrung des Göttlichen im Wege stehen. Deshalb wird hier *provisorisch* ausschließlich von Göttern und Gottheiten gesprochen, denn alle Vertreter dieses Ensembles nicht-menschlicher Wesen stellen Formen von Göttlichkeit dar. Und nur dieser Begriff erweckt in unserem Geist ein klares und angemessenes Bild.

Darüber hinaus ist der Begriff »Gott« sehr offen, denn er sagt nichts über die Natur des »Göttlichen« aus. So hat die Sanskritbezeichnung »Deva« für »Gott« ihre Wurzel im indo-europäischen Wort »dei« für »strahlen«. Mit diesem Begriff wurden, zur Unterscheidung von der Erdgebundenheit der menschlichen Natur, die himmlischen Wesen und der strahlende Himmel bezeichnet. Außerdem belegt die Existenz der tibetischen Mythen, dass der Buddhismus nicht, wie einige behaupten, alles Göttliche verneint. Das Göttliche manifestiert sich, wie in der griechischen Antike und bei den Kelten, nur in einer anderen Form als im Christentum. Der Unterschied zum Christentum liegt darin, dass die buddhistischen Gottheiten keine Objekte des Glaubens oder der Gläubigkeit darstellen.

Die Bedeutung der mythischen Dimension

Trotz der Vielfalt von Werken über den tibetischen Buddhismus gibt es nur wenige, die auf die mit ihm verbundenen Mythen und Götter eingehen. Der Buddhismus wird häufig auf eine reine Therapieform gegen den Stress des modernen Lebens reduziert. Viele Buddhisten haben, ebenso wie Anhänger anderer Religionen, die Tendenz, im Namen des modernen Individualismus ihre Auffassung von Religion so zu gestalten, dass sie ihren persönlichen Vorstellungen entspricht. Die mythische Dimension lässt sich aber nicht auf den Maßstab des individuellen Bewusstseins reduzieren. So bezeichnete schon Nietzsche die Theorie des freien Willens als anti-religiös. Sie sei der Vorwand, unter dem die Menschen sich einbilden, sie selbst seien die Ursache für ihre Lebensbedingungen und ihre Handlungen. Diese Einbildung sei aber eine Form der wachsenden Eitelkeit.

Es fällt uns schwer, die Eigenart des Mythos zu verstehen, denn unsere gewohnheitsmäßigen Konzepte sind in hohem Maße von dieser Eitelkeit geleitet, die uns glauben lässt, dass der Höhepunkt der Erkenntnis in der Behauptung der alleinigen Wahrheit wissenschaftlicher Erkenntnisse oder – noch eingeschränkter – im dauerhaften und allgemeinen Fortschritt der Menschheit liegt. Eine solche Sichtweise kann die Mythologie nur für einen naiven Versuch halten, der Welt einen Sinn zu geben.

Die Mythologie erscheint uns heute als eine simplizistische Denkweise, die wir dank der Wissenschaft und ihrer rationalen Erklärungen erfolgreich widerlegt zu haben glauben. Wir geben vor, diese Vorstellung nicht mehr zu benötigen. Henri Cretella zum Beispiel definiert Mythologie als eine »einigermaßen geschickte Rationalisierung der Erfahrung, aus der sie hervorgegangen ist«.[1]

Nach Walter F. Otto, der die griechische Mythologie mit einer außerordentlichen Sorgfalt studiert hat, gehört es jedoch »zu den unterscheidenden Merkmalen des Mythos – im Gegensatz zu all dem, was wir der Phantasie oder der Einbildungskraft zuschreiben –, dass sein Erscheinen die Eigenmächtigkeit des menschlichen Geistes, die willkürliche und die unwillkürliche, ausschließt«.[2] Mythen sind keine Fabeln, sondern Zeugnisse der Begegnung zwischen Mensch und Gott.

Um die Bedeutung des Begriffes »Mythos« zu verstehen, muss man auf die griechische Definition zurückgreifen, da er in dieser Kultur seinen Ursprung hat. *Mythos* und *logos* haben dort eine identische Bedeutung: das Wort beziehungsweise die Sprache. Während *logos* die Sprache der Gedanken bezeichnet, ist *mythos* die Sprache der Autorität. Ursprünglich bezeichnete *mythos* die wahre Sprache, die keinen Zweifel hinterlässt, die Sprache des angerufenen Zeugen, während *logos* die Sprache der reiflichen Überlegung ist, die zu überzeugen weiß. Der Begriff *logos* ist also weder eine Weiterführung von *mythos* noch diesem übergeordnet. Eine abwertende Gegenüberstellung von Mythos und Rationalität entbehrt daher jeglicher Grundlage. Der Mythos ist vor allem der aus der Gegenwart des Göttlichen geborene Glanz. Im Buddhismus wird dieser Glanz als die Einheit von Leerheit, Klarheit und Mitgefühl erkannt und erfahren.

Der Mythos umschließt den gesamten Menschen und verleiht ihm Form und Orientierung. Die Schwierigkeit besteht darin, beim Studium dieser uns fremden Mythen das Unbekannte nicht auf etwas Unerklärliches zu reduzieren. Wir müssen es im Gegenteil mit unserer Sprache in seiner wahren Natur und in seiner gesamten, gewaltigen Dimension erfassen.

Anstatt den Mythos auf einen illustrativen Sinn zu begrenzen, besteht die Aufgabe darin, seine Kraft in der ihm angemessenen Dimension sichtbar zu machen, denn die Götter sind keine Archetypen aus den Tiefen des menschlichen Bewusstseins, sie sind keine Projektionen und keine abstrakten Mächte, sondern Wesen von unglaublicher Realität, auch wenn sich ihre Daseinsbedingungen von denen der Menschen unterscheiden. Ihre Existenz wurde von den Menschen der Zeit Homers wie von den Bewohnern Tibets – und letztendlich aus der Tiefe aller Menschen – bezeugt. Ohne den Versuch, diese Erfahrung einzubeziehen, ist jede Diskussion über den Mythos leeres Gerede. Die Beziehung des Menschen zu Gott und zum Göttlichen ist die »höchste Kraft« des Menschen, was deshalb nicht heißt, dass »es Götter nur gäbe wie Steine und Bäume und Wasser«.[3] Die Götter sind mehr denn je offenbar.

Das Fehlen von Eigennatur bei den Göttern
des tantrischen Buddhismus

In diesem Buch wird der Versuch unternommen, die Aspekte der verschiedenen Klassen von Göttern und Gottheiten im tantrischen Buddhismus zu erklären. Dazu ist es notwendig, die besondere Daseinsweise der Götter zu verstehen. Sie können sich gleichzeitig an mehreren Orten aufhalten und besitzen keine inhärente Eigennatur, denn der Buddhismus fußt nicht auf dem theistischen Glaube an die Existenz ewiger und unsterblicher Wesen, die vom Menschen getrennt sind. In diesem Sinne kann man von den Göttern nicht als Entitäten sprechen, da dieses Verständnis die Dimension der Erfahrung begrenzen würde. Der Begriff »Entität« ist ein Ausdruck der verfestigten Sprache einer ichbezogenen Projektion, die den gegenwärtigen Augenblick nicht als das erkennt, was er tatsächlich ist.

Theismus und Nicht-Theismus bewegen sich in derselben Realität, aber mit einem unterschiedlichen Verständnis. Für den nicht-theistischen Buddhisten erscheint die Realität sehr gewöhnlich, während der Theist sie als etwas Besonderes betrachtet. Mit anderen Worten, es gibt aus der Sichtweise des Buddhismus nichts Übernatürliches, da diese Unterscheidung natürlich/übernatürlich hier nicht präsent ist.

Daher unterscheiden sich die buddhistischen Götter und Gottheiten erheblich von der Auffassung des Göttlichen in unserer westlichen Tradition. Sie sind, wie wir sehen werden, leer von Eigennatur und sie funktionieren auf eine andere Art und Weise. Ihrem großmütigen Wesen entsprechend, sind sie von einer altruistischen Motivation geprägt. Sie sind wohltätig, auch wenn sie manchmal in zornvoller Form erscheinen und – falls notwendig – zerstören können. Ihre Macht ist begrenzt, sie können niemanden retten, denn jedes Wesen ist für sein eigenes Schicksal verantwortlich. Sie können die Menschen bestenfalls unterstützen, sie an ihre

Freiheit und Würde erinnern, sofern sich die Menschen dieser Dimension ihrer Existenz öffnen.

Walter F. Otto bemerkt hierzu: »Götter können nicht erfunden oder erdacht oder vorgestellt, sondern nur erfahren werden.«[4] In welcher Erfahrung jedoch ist das Göttliche präsent? Nur in einer Erfahrung, in der sich bereits eine Hinwendung vollzogen hat, ohne die kein Gegenüber sichtbar wird. Eine solche Hinwendung ist untrennbar damit verbunden, alle Verkrampfungen in Verbindung mit dem Glauben an ein »Ich« loszulassen.

Die Barbarei unseres Zeitalters besteht darin, dass wir im Namen eines wohlklingenden Zynismus alle tatsächlichen Beziehungen zum Göttlichen für Unsinn erklären. Dieser Zynismus trägt die Flagge eines Rationalismus, der nichts weiter ist als die Karikatur einer wirklichen Vernunft im Sinne von *logos*. Und so nimmt die Zahl der Veröffentlichungen zu, die die Götter als Geschöpfe der Menschen erklären wollen. Diese Entwicklung ist irreführend, denn die Götter sind keine Schöpfung des Menschen: »Es ist ein auf dem Grunde des Platonismus vom neuzeitlichen Rationalismus übernommenes Vorurteil der Historie und der Philologie, zu meinen, der *mythos* sei durch den *logos* zerstört worden. Das Religiöse wird niemals durch die Logik zerstört, sondern immer nur dadurch, dass sich Gott entzieht.«[5]

Das Unglück mit dem gegenwärtigen Denken ist, dass es erstarrt ist und zu vorgefassten und unverrückbaren Behauptungen greift – wenn es nicht schon zur reinen Ansammlung von Informationen geworden ist. Dieses Buch versucht, eine vollkommen andere Richtung einzuschlagen. Es möchte die Leser einladen, einen Weg zu beschreiten, der direkt zu dem Ort führt, an dem im buddhistischen Vajrayana die Verbindung mit den Göttern stattfindet. Dabei geht es nicht darum, bestimmte Lehrmeinungen zu vergleichen, sondern um eine lebendige Verbindung, die die Praktizierenden dieser authentischen spirituellen Tradition in ihrer Gesamtheit einbezieht.

Ich wurde in die Kagyü- und Nyingma-Schulen des tibetischen Buddhismus eingeweiht. Daher ist es möglich, dass die tibetischen Mythen und Götter, die in diesem Text behandelt werden, teilweise aus der Sicht dieser Schulen beschrieben werden. Dies ist jedoch kein Ausdruck der Voreingenommenheit, denn jede der verschiedenen spirituellen Strömungen repräsentiert die Vollkommenheit der buddhistischen Lehre, sondern die Folge meiner größeren Vertrautheit mit diesen beiden Traditionen.

Dieses Buch erhebt nicht den Anspruch der Vollständigkeit, denn das Pantheon des tibetischen Buddhismus ist sehr umfangreich. Ich beschränke mich deshalb auf die Auswahl einiger repräsentativer Beispiele.

1

Buddha Shakyamuni, kosmische Buddhas und Bodhisattvas

Vom historischen zum kosmischen Buddha

Buddha Shakyamuni (tib. Sakya Tubpa), der um das Jahr 563 vor unserer Zeitrechnung geboren wurde, nimmt in den tibetischen Mythen eine zentrale Stellung ein. Er war der Sohn des Sakya-Königs Suddhodana, dessen Königreich am Fuße des Himalaya im heutigen Nepal lag.

Der Legende nach hatte Maya, die Gattin des Königs, eines Nachts einen eigenartigen Traum, der sie so aufwühlte, dass sie beschloss, ihn ihrem Gatten zu erzählen:»Ein Elefant weiß wie Silber stieg vom Gebirge herab, trat in mein Zimmer und verbeugte sich vor mir. In seinem Rüssel trug er eine Lotosblüte. Der Gesang eines Vogels weckte mich aus dem Schlaf und eine sonderbare innere Unruhe ergriff mich! Während ich dies erzähle, ist meine Seele überwältigt von Gefühlen.« Sie fügte hinzu, dass sie das Gefühl habe, bald Mutter zu werden. Der König beauftragte sofort seine vierundsechzig weisen Brahmanen und Astrologen mit der Deutung dieses Traumes. Alle kamen zu dem Schluss, dass die Königin ein Kind gebären werde, das die zweiunddreißig Merkmale einer großen Persönlichkeit trage. Dieses Kind werde später entweder ein Weltenherrscher oder ein großer spiritueller Meister.

Als Maya nach zehn Monaten die nahende Geburt spürte, verließ sie der Tradition entsprechend den Königspalast und kehrte heim zu ihrer Familie. In einer Vollmondnacht im Mai erblickte die Königin im Garten von Lumbini einen wunderbaren und kostbaren Baum, dessen Äste sich unter dem Gewicht ihrer Blüten-pracht beugten. Sie hob den Arm und ergriff einen der Äste, ver-harrte einen Moment und gebar ohne Schmerzen einen Sohn, der den Namen Siddhartha erhielt. Sein zweiter Name Gautama war der Name des Adelsstammes, dem seine Familie angehörte.

Maya verstarb sieben Tage nach der Geburt, und Siddhartha wurde von ihrer Schwester Prajapati, der zweiten Ehefrau des Kö-nigs, erzogen. Siddhartha war ein intelligentes und mitfühlendes Kind, das die Meditation den üblichen Spielen der Kinder vor-zog. Er verbrachte seine ersten Lebensjahre im weiblichen Umfeld seiner Tante. Mit seinem siebten Lebensjahr wurde er, wie es die Tradition adeliger Familien verlangte, von den Frauen getrennt und für seine weitere Erziehung der Obhut von Hauslehrern über-geben. Er lernte mit einer ungewöhnlichen Leichtigkeit.

Trotz seines glücklichen Lebens verspürte der junge Prinz eine gewisse Schwermut, die ihn niemals verließ. Das beunruhigte den König und er beschloss, seinen Sohn zu verheiraten. Nach einer wohlbehüteten Kindheit heiratete er mit sechzehn Jahren die jun-ge Prinzessin Yasodhara. Sie bekamen einen Sohn, den sie Rahula nannten.

Siddharthas Vater wünschte sich seinen Sohn als König und nicht als spirituellen Meister. Nachdem er erfahren hatte, dass Sid-dhartha der Welt entsagen werde, falls er eine alte Person, einen Kranken, einen Leichnam und einen Mönch sähe, hielt er ihn in luxuriöser Abgeschiedenheit gefangen, damit sein Sohn keine Kenntnis über die Existenz von Leiden und Tod erhalte.

Bei einem Ausflug sah Siddhartha, trotz der Anordnung des Königs, die Stadt zu schmücken und alles Traurige vor seinen Au-gen zu verbergen, einen Mann, der nicht wie alle anderen Freude zeigte. Sein Wagenlenker erklärte ihm, dass dieser Mann unter dem Alter leide: »Dieser Mann, mein Herr, ist vom Alter befallen. Seine Organe sind geschwächt, er hat keine Kraft und Energie mehr, er kann nicht mehr handeln und hat sich wie ein Stück Holz in den

Wald zurückgezogen.« Siddhartha, tief berührt, fragte weiter: »Ist das eine Besonderheit seiner Familie oder trifft es alle Menschen?« »Das, mein Herr, ist weder ein Gesetz seiner Familie noch ein Gesetz des Königreiches. Das Alter folgt bei allen Menschen auf die Jugend, auch deine Eltern und Freunde werden dieses Schicksal erleiden. Es gibt für die Menschen keinen anderen Weg.«

Während eines zweiten Ausfluges sah Siddhartha einen Kranken und bei einem dritten Ausflug einen Leichnam. Er verstand, dass niemand vor Alter, Krankheit und Tod fliehen konnte.

»Welche Freude bietet die Welt? Sucht ihr nicht ein Licht inmitten dieser Dunkelheit?« So heißt es im Dhammapada, einem frühen buddhistischen Text.

Siddhartha verspürte von nun an immer stärker den Wunsch, dieses Licht zu entzünden. Nachdenklich geworden, zog er sich auf das Land zurück und traf dort eines Tages einen in einer langen safranfarbenen Robe gekleideten Wandermönch mit einem strahlenden Ausdruck in seinem Gesicht. Dieser Mönch erklärte ihm, er habe sich, erschrocken über die Leiden des menschlichen Lebens, in den Wald zurückgezogen und suche dort durch Entsagung der Eitelkeiten der Welt das Glück.

Der junge Prinz beschloss, den Palast zu verlassen und teilte seinem Vater seine Absicht mit. Dieser verweigerte ihm die Erlaubnis und ließ die Wachen um ihn herum verstärken. Siddhartha aber gelang im Alter von neunundzwanzig Jahren die Flucht. Er folgte den Lehren verschiedener Meister, die ihn aber nur in Zustände unbewusster Ekstase führten. Danach versuchte er, durch extremste asketische Übungen alles Verlangen zu unterdrücken, bis er nach sechs Jahren erkannte, dass auch dieser Weg nicht die Lösung war. Er gab das Asketenleben auf, verließ seine Gefährten und nahm nach langer Fastenzeit wieder Nahrung zu sich. Mit dem Entschluss, sich bis zum Erlangen der Erleuchtung nicht mehr zu bewegen, setzte er sich in Bodhgaya unter einen Baum und beobachte versunken in tiefe Meditation seinen Geist.

Nachdem er schließlich alle Geistesschleier beseitigt und Erleuchtung erlangt hatte, zögerte er zuerst, seine Erfahrung weiterzugeben, lehrte aber dann für den Rest seines Lebens. Im Alter von vierundachtzig Jahren verschied er.

Unter Historikern wird die Lebensgeschichte des historischen Buddha viel diskutiert. Wurde er von seinen Schülern als Mensch angesehen und der Buddhismus als eine rationale Religion ohne Rituale betrachtet, die allein auf der Praxis der Meditation gründet? Oder ist eine solche Interpretation, die Götterbilder und Heilige für spätere Erfindungen hält, falsch?

Tatsächlich belegen moderne Forschungen, dass der Reliquienkult bereits zur Anfangszeit des Buddhismus existierte. Man muss also anerkennen, dass Buddha gleichzeitig als ein menschliches und ein göttliches Wesen verstanden wurde. Sieht man nur einen dieser beiden Aspekte, so begreift man die ganze Dimension seiner Existenz nicht. Der Mahayana-Buddhismus, der sich schrittweise zwischen 150 vor und 100 nach unserer Zeitrechnung entwickelte, hat beide Aspekte auf höchst subtile Weise miteinander verwoben.

Die Revolution des Mahayana

Die Lehre des Mahayana kennt Buddha sowohl als historische als auch als kosmische Gestalt. Seine Geburt war demnach kein Resultat menschlicher Zeugung, sondern Folge seines eigenen Wunsches, den Wesen seine Lehre zu bringen.

Indra und Brahma begrüßten seine Niederkunft mit einem Blumenregen. Danach erhob sich der Buddha, ging sieben Schritte und erklärte, er sei das ruhmreichste Wesen der Welt und werde das letzte Mal wiedergeboren. Nun verklärte sich das gesamte Universum und erstrahlte in hellstem Licht.

Im *Lotos-Sutra*, einem der Hauptwerke des Mahayana, das zu

Beginn des ersten Jahrhunderts unserer Zeitrechnung niederge-
schrieben wurde, bestätigt Buddha diesen kosmischen Aspekt seiner Existenz:

»In allen Welten glauben die *deva*, Menschen und *asura*, der
Erwachte unserer Zeit, Shakyamuni, habe den Palast der Familie
der Sakya mit der Absicht verlassen, sich in die Nähe der Stadt Gaya
zu begeben und sich dort niederzulassen. Dort habe er die vollkommene, perfekte und unvergleichliche Erleuchtung erlangt. Es
sind jedoch unzählige, unendliche Milliarden von Äonen, die ich
bereits wahrhaftig erwacht bin.«

Nach der Sichtweise des Mahayana ist Shakyamuni ein trans-
zendentes Wesen, das mit der Absicht auf die Erde kam, zu einem
bestimmten historischen Zeitpunkt zu lehren. Er erschien, um den
Menschen und Göttern den Weg der Befreiung von Leiden aufzuzeigen. Aus dieser Perspektive sind seine Geburt und Erleuchtung
zeitlos. Seine menschliche Gestalt ist nur eine Illusion, die alle fühlenden Wesen schrittweise zur Befreiung führen soll.

Neben dieser kosmischen Erweiterung des Buddha-Konzepts
bestimmen zwei weitere Neuerungen die »Revolution« des Mahayana. Zuerst ist das Ideal des Bodhisattva zu nennen. Dieser strebt
im Gegensatz zum Arhat des Hinayana nicht nur die eigene Befreiung an, sondern er legt das Gelübde ab, so lange im Kreislauf der
Existenzen zu verweilen, bis alle fühlenden Wesen daraus befreit
sind.

Das Ausmaß der Hingabe eines Bodhisattva verdeutlicht folgende Geschichte, die aus einem früheren Leben Buddhas berichtet:
Damals war er ein junger Prinz, der bei einem Waldspaziergang
einer Tigerin begegnete, die so ausgehungert und geschwächt war,
dass sie ihre Jungen nicht mehr ernähren konnte. Überwältigt von
unbeschreiblichem Mitgefühl bot er ihr das Fleisch seines eigenen
Körpers an. Da die Tigerin aber selbst für die Nahrungsaufnahme
zu schwach war, öffnete er sich die Adern und tränkte sie mit seinem Blut. Nachdem die Tigerin wieder etwas zu Kräften gekom-

men war, überließ er ihr und ihren Jungen seinen Körper als Nahrung.

Die dritte revolutionäre Neuerung des Mahayana ist seine neue Sicht auf das Wesen der Realität. Alle Erscheinungen werden als leer von einer Eigennatur und von Eigenmerkmalen begriffen. Sie unterliegen folglich weder der Geburt noch der Zerstörung. In ihrer ganzen Tiefgründigkeit wurde diese Lehre durch die beiden Hauptschulen des Mahayana, Madhyamika und Yogacara, dargelegt. Die hier dargestellte stufenweise Entwicklung der buddhistischen Lehre erklärt sich aus den drei Lehrzyklen Buddhas, die als das »Dreimalige Drehen des Rades der Lehre« bezeichnet werden.

Das erste Drehen des Rades fand im Antilopenpark von Sarnath vor fünf Mönchen statt, die bereits früher mit dem Buddha gemeinsam praktiziert, ihn aber aus Enttäuschung über seine Aufgabe der asketischen Lebensweise verlassen hatten. Der Buddha lehrte sie die »Vier Edlen Wahrheiten« (skt. *catvaryaryasatyani*) sowie die »Drei Siegel der Existenz« (skt. *trilaksana*), die gemeinsam die Grundlage des Hinayana bilden. Die Vier Edlen Wahrheiten sind die Wahrheit vom Leiden, die Wahrheit von der Ursache des Leidens, die Wahrheit von der Möglichkeit der Beendigung der Ursache des Leidens und die Wahrheit vom Pfad der Beendigung der Ursache des Leidens. Die Drei Siegel der Existenz bezeichnen die drei Merkmale aller zusammengesetzten Erscheinungen. Alle Erscheinungen (skt. *dharma*) besitzen kein Selbst und sind der Vergänglichkeit unterworfen. Außerdem bringen alle unheilsamen karmischen Prägungen (skt. *samskara*) Leid hervor.

Auf dem Geiergipfel in der Nähe der Stadt Rajagriha erfolgte das zweite Drehen des Rades. Der tibetischen Überlieferung zufolge lehrte Buddha dort acht Jahre nach seinem Erwachen die letztendliche Natur der Wirklichkeit in Form des *Lotos-Sutra* und der Prajnaparamita. Seine Zuhörerschaft, darunter zahlreiche Devas und Bodhisattvas, bestand aus Wesen, deren Eigenschaften und Veranlagungen den Lehren des Mahayana angemessen waren. Dieser zweite Lehrzyklus ersetzt den vorherigen nicht, sondern erweitert ihn. Er kann nur verstanden werden, wenn man sich auf den Weg der Entsagung und Meditation des Hinayana stützt.

Ein drittes Mal drehte der Buddha das Rad der Lehre in einem großen und wundervollen Himmelspalast. Dort legte er die letztendliche Wahrheit dar. Der außergewöhnliche Ort dieser Belehrung entspricht deren Inhalt, da sie den leuchtenden Aspekt der gesamten Realität offenbart.

Den Hintergrund des neuen kosmischen Buddhaprinzips bildet die Lehre der drei Körper (skt. *kaya*), die später von der Schule des Yogacara ausgeführt wurde. Man kann das Konzept des Göttlichen im tibetischen Buddhismus nur auf Grundlage dieser Lehre verstehen, weshalb die drei Kayas hier kurz vorgestellt werden sollen.

Die drei Körper oder Dimensionen der Wirklichkeit

Die äußere Dimension des Nirmanakaya

Nirmanakaya kann als »Emanationskörper« oder »Ausstrahlungskörper« übersetzt werden. Er bezeichnet die gesamte Vielfalt der Manifestationen, die Realität werden können. *Nirmana* bedeutet »bemessen« oder »auf ein Maß bringen«, denn in dieser Dimension ist die Wirklichkeit durch einen Rahmen, ein Maß, beschränkt, das unserem Alltagsbewusstsein Erkenntnis ermöglicht. Der Nirmanakaya wird durch die fünf Sinne konstituiert.

Die westliche Philosophie nennt diese Dimension »Welt der Sinneswahrnehmungen«. Diese Bezeichnung kann jedoch zu einem Missverständnis führen, da wir im Westen Sinneswelt als eine Gesamtheit von automatischen Abläufen verstehen, wohingegen im Buddhismus auch das konzeptuelle Denken und das Mentale in den Bereich der Sinneswelt fallen.

Für den Buddhismus steht die Sinneswahrnehmung in Verbindung mit dem offenen Raum. So überschreitet sie die unmittelbare Dimension der Sinneswelt und kann selbst zum Ausdruck des Allumfassenden werden. Im Westen haben wir dagegen die Gewohnheit, in dualistischer Weise zwischen der sinnlichen und gedanklichen Welt zu unterscheiden. Eine derartige Unterscheidung macht im tibetischen Buddhismus keinen Sinn, denn der offene Raum manifestiert sich in seiner reinsten Form im Nirmanakaya. So sind die drei Kayas nicht hierarchisch angeordnet. Die Ursache aller Probleme ist im Buddhismus nicht »die Materie«, sondern das Ich, das den offenen Raum verschleiert.

Die sinnliche Dimension des Nirmanakaya wird häufig nicht wahrgenommen, da sie von unseren vorgefassten Konzepten begrenzt und zum Erstarren gebracht wird. René Guénon nennt das einen der charakteristischen Aspekte der Krise der Moderne:

»In der modernen Welt scheint nichts außerhalb des Sichtbaren und Berührbaren zu existieren. Selbst wenn eingeräumt wird, theoretisch könne etwas anderes existieren, beeilt man sich, diese Existenz nicht nur als unbekannt, sondern als unerkennbar einzustufen, wodurch eine Auseinandersetzung mit dieser Existenz vermieden wird.«[6] Da wir die Tendenz haben, die Wirklichkeit auf diese eine Dimension zu reduzieren, gelangen wir mit keiner der drei grundsätzlich untrennbaren Dimensionen in Verbindung.

Die absolute oder geheime Dimension des Dharmakaya

Der andere Extrembereich der Wirklichkeit ist die Welt des Noch-Nicht-Differenzierten – ein Bereich, in dem noch nichts Form angenommen hat und keine Unterscheidung eingesetzt hat. Dieses ist der Raum der ursprünglichen Offenheit und der Nicht-Dualität.

Die buddhistischen Lehren bezeichnen diese Dimension als Dharmakaya. Der Begriff *dharma* meint hier alle Situationen oder

Gesetzmäßigkeiten der Erscheinungen. Der Dharmakaya ist also der Körper des Gesetzes, der Körper der letztendlichen Natur.

Die Verwirklichung des Dharmakaya geschieht, wenn man erkennt, dass die Gedanken nichts als Ausstrahlungen der ursprünglichen schöpferischen Kraft der erwachten Präsenz (tib. *rigpa*) sind. Werden die entstehenden Gedanken auf diese Weise, ohne eine Spur zu hinterlassen, an ihrer Quelle befreit, dann wird ihre letztendliche Natur (skt. *dharmakaya*) erkannt. Der Dharmakaya ist die letztendliche Natur des Denkens, so wie die erwachte Präsenz (*rigpa*) die letztendliche Natur der Unwissenheit (tib. *ma rigpa*) ist.

Kalu Rinpoche, ein großer Meister des tibetischen Buddhismus, bezeichnete Dharmakaya als den nicht-determinierten Aspekt des Erleuchtungsgeistes, der allgegenwärtig im Palast des unbegrenzten Raumes der absoluten Wirklichkeit (skt. *dharmadhatu*) verweilt, Samsara wie Nirvana gleichermaßen durchdringt und alle dualistischen Konzeptionen des Geistes transzendiert. Der Dharmakaya hat keinen Ursprung und kein Ende, kein Erscheinen, keinen Niedergang und keinen begrenzten Ort.

Die Zwischendimension des Sambhogakaya

Zwischen Nirmanakaya und Dharmakaya liegt ein weites Spektrum, eine Zwischendimension, die man als den Raum bezeichnen könnte, in dem die Götter verweilen. Der Buddhismus bezeichnet diese Dimension als Sambhogakaya oder »Körper der Freude«.

Chögyam Trungpa erklärt, dass diese Freude nicht im Widerspruch zu Leid und Schmerz steht. Der Sambhogakaya ist genau genommen der Körper der Belebung. Alle Situationen werden belebt und zum Extrem ihrer Belebung gedrängt. Die Freude ist identisch mit der Lebendigkeit von Raum und Erfahrung: »Alle Arten der Wahrnehmung finden ihren Ausdruck in der Belebung, die aus dem Dharmakaya des Ursprunges hervorgeht. Dieser Ausdruck manifestiert sich in Form von Sprache und Bewegung, der Erfahrung einer klaren und präzisen sinnlichen Wahrnehmung und der Erkenntnis ihrer wahren Natur.«[7]

Chögyam Trungpa nennt diese Dimension »symbolische Linie«. Die Symbole nehmen nicht den Platz anderer Dinge ein, sondern sind außergewöhnlich kraftvolle Manifestationen des ursprünglichen Raumes (skt. *dharmadhatu*).

Der Bereich des Sambhogakaya manifestiert sich im Götterbereich durch die Existenz eines Körpers in menschlicher Gestalt. Dies ist eine Voraussetzung für die Menschwerdung des Göttlichen, wie es Walter F. Otto in Bezug auf die Götter der griechischen Antike darstellt: »Es ist wahrhaftig kein Aberglaube, sondern vielmehr das Siegel echter Offenbarung, wenn die Gottheit dem Menschen mit einem Menschenantlitz begegnet.«[8]

Die Manifestation der Götter in einer menschlichen Gestalt ist der Ausdruck ihres Großmutes und ihres Mitgefühls, es ist ihre Art, Sorge für die Menschen zu tragen. Mitgefühl ist hier übrigens nicht als eine freiwillige und beliebige Entscheidung des Göttlichen zu verstehen, sondern als der Ausdruck seiner ursprünglichen Natur.

Manifestiert sich das Göttliche aus seiner Natur heraus in einer menschlichen Gestalt? Der griechische Philosoph und Dichter Xenophon sagt dazu: »Hätten die Ochsen und Pferde Hände und könnten zeichnen, würden sie die Götter in Gestalt von Ochsen und Pferden darstellen.« Ähnlich denkt der Buddhismus und geht davon aus, dass sich die buddhistischen Gottheiten in einer anderen Gestalt manifestieren, wenn sie sich an andere Wesen wenden. Diese Hypothesen sind allerdings reine Theorie und bergen im Grunde eine gewisse Absurdität, denn besäßen die Tiere Hände und könnten sie zeichnen, wären sie Menschen!

Von allen lebenden Wesen steht alleine der Mensch in Beziehung zum Göttlichen. Goethe hat diese Besonderheit des Menschen, die uns in Verbindung mit den Göttern transformiert, deutlich erkannt. In seiner Abhandlung *Myrons Kuh* schreibt er: »Der Sinn und das Bestreben der Griechen ist, den Menschen zu vergöttern, nicht die Gottheit zu vermenschlichen. Hier ist ein Theomorphismus, kein Anthropomorphismus.«[9] Der Gott hat eine menschliche Gestalt, da er die Manifestation des Sambhogakaya ist, das heißt der Ausdruck oder das »Abbild« des Unsichtbaren. Der Mensch wird in diese Dimension eingeführt und aufgefordert, sich durch die Gegenüberstellung mit seiner tatsächlichen Natur zu transformieren.

Wir können aber nur eine kurze und instabile Verbindung mit der letztendlichen Natur der Wirklichkeit herstellen. Damit wir dennoch ein echtes Vertrauen in sie fassen, benötigen wir Hilfe. Diese gewähren uns die Gottheiten. Sie sind leere Manifestationen des belebten Raumes, die dem Meditierenden erlauben, sich in sie zu verwandeln.

Die Zwischendimension des Sambhogakaya wurde in unserer Kultur zerstört. Daraus erklärt sich unsere Abneigung, sie in das Leben einzubeziehen. Fançoise Bonardel hat aufgezeigt, dass man in der Tradition der Alchemie den Zwischenraum wieder entdeckt. Daraus lässt sich schließen, dass er nicht spezifisch für den Buddhismus ist.

Dem Verständnis des Hermetismus zufolge ist, so Bonardel, das Götterbild »weder eine illusorische Reflexion noch die einzige perfekte Form, sondern der Vermittler zwischen beiden. Dieses Verständnis verleiht gleichzeitig der häufig von den Alchemisten verwendeten Formel, den Körper zu spiritualisieren und den Geist zu verkörperlichen, ihren Sinn. Ein konsequenter Hermetismus stieße hiermit auf die Realität der Verwandlung durch das Erkennen eines Raumes der gegenseitigen Spiegelung von Himmel und Erde, Körper und Geist, Natur und Gott. In diesem Sinn entkäme der Hermetismus dem metaphysischen Dualismus und befände sich am Ursprung einer visionären Ontologie.«[10]

Die Untrennbarkeit der drei Dimensionen

Die drei Dimensionen Nirmanakaya, Dharmakaya und Sambhogakaya sind untrennbar miteinander verwoben. Ihre Aufteilung erfolgt ausschließlich zum Zweck der Beschreibung. Unsere Tendenz, sie als unterschiedliche Ebenen der Wirklichkeit zu betrachten, ist auf unser platonisch-christliches Erbe zurückzuführen. Sie sind jedoch keine getrennten Einzeldimensionen, sondern bilden eine untrennbare Einheit.

Diese Einheit lässt sich am Beispiel der Betrachtung einer Kornblume verdeutlichen. Betrachtet man sie als eine Blume, steht man in Verbindung mit der äußeren Dimension des Nirmanakaya. Spürt man ihre Präsenz, als würde man sie plötzlich wahrhaftig sehen, nimmt man ihre strahlende Lebendigkeit wahr, nähert man sich der Zwischendimension des Sambhogakaya. Die Kornblume zu sehen, mit ihr in Verbindung zu stehen und sich ihr vollkommen zu öffnen, kann einen Augenblick der Offenheit frei von Konzepten und eine Wahrnehmung der reinen Präsenz auslösen, die der tantrische Buddhismus als »fortwährenden Moment der Nichterzeugung« bezeichnet. Dieses ist der Ausdruck der letztendlichen Dimension des Dharmakaya.

Dieses Beispiel muss jedoch unzulänglich bleiben, da es die Wahrnehmung in drei Momente unterteilt. In Wirklichkeit sind alle drei Momente integrale Bestandteile einer einzigen Wahrnehmungserfahrung. So betont der Buddhismus die Tatsache, dass der Raum, wenn man ihn in drei Räume unterteilt, grundlegend und seiner ursprünglichen Natur angemessen mit drei Attributen wahrgenommen wird.

Tulku Urgyen erläutert die drei Kayas auf traditionelle Weise: »Die Leerheit der Essenz, die Natur des Bewusstseins und die Unbegrenztheit der Möglichkeiten sind drei Aspekte von äußerster Tiefgründigkeit. Wären Bewusstsein und Leerheit begrenzt, gäbe es als Konsequenz dieser Begrenzung allein das Bewusstsein und allein die Leerheit. Das ist aber nicht der Fall, denn Leerheit ist Bewusstsein und Bewusstsein ist Leerheit. Mehr noch, keines von beiden begrenzt das andere, und in diesem befreiten Zustand bringen sie aus sich selbst die Möglichkeit des Mitgefühls hervor.«[11]

Die Unterteilung in drei Kayas hilft, die Gegenwart der Götter als integralen Bestandteil der Welt zu verstehen, mit dem man aufgrund seiner menschlichen Natur in Verbindung steht. Indem sich das Göttliche dem Menschen immer wieder in seinem grenzenlosen Glanz enthüllt, eröffnet sich ihm stets von neuem die Möglichkeit, den Raum seines wahren, unbegrenzten Wesens zu erfahren.

Durch das Konzept der drei Kayas kann die grundlegende Manifestation des Göttlichen, der alle spirituellen Traditionen große Aufmerksamkeit widmen, sinnlich erfahren werden. Der Hinduismus, insbesondere die Vishnu-Tradition, bezeichnet dieses Phänomen als *avatar*, was wörtlich »Herabsteigen« bedeutet. Das Christentum nennt es das Wunder der Fleischwerdung im Sinn des Verbum *caro factum est*, der Fleischwerdung des Wortes. Der Buddhismus bezeichnet dieses Phänomen als Nirmanakaya, die Tatsache des Seins in einer Form oder Gestalt.

Nirmanakaya bezeichnet einen magischen Körper, dessen Magie auf die Tatsache zurückzuführen ist, dass dieser Körper in Wahrheit eine Illusion ist. Die Buddhas geben eine Gestalt vor, die sie nicht wirklich besitzen. Daher bestehen die Sutren des Mahayana darauf, dass Buddha nie gestorben ist und der einzige Grund seiner Manifestation in menschlicher Gestalt sein Wunsch ist, den Wesen den Pfad zur Erleuchtung zu zeigen.

Ein Universum von Buddhas

Dem Mahayana zufolge ist Shakyamuni nicht der einzige Buddha, sondern lediglich ein Buddha aus neuerer Zeit, der vor ungefähr 2500 Jahren an einem Ort im heutigen Nepal geboren wurde. In der Mythologie des Mahayana ist das Universum erfüllt von einer Vielzahl weiterer Buddhas. Buddha wird auf diese Weise nicht nur auf die Ebene des Göttlichen erhoben, sondern auch in eine Vielzahl von Buddhas unterteilt. Die Buddhas sind »so zahlreich wie die Sandkörner am Ufer des Ganges« und verweilen in unermesslicher Zahl in allen Regionen des Universums.

Die Mythologie des Buddha ist insofern einzigartig, als sie in ihm trotz seiner kosmischen Dimension keinen Schöpfergott sieht. Jedes Wesen hat das Potenzial, die Buddhaschaft zu verwirklichen. An die Stelle der Mönchsgemeinschaft tritt eine universelle Gemeinschaft, jenseits von Zeit und Raum.

Es ist wichtig, die grundlegende Einheit aller Götter zu verstehen, denn sie entsprechen alle dem höchsten Prinzip des Erleuchtungsgeistes, der ursprünglichen Offenheit, die jeder Möglichkeit der Begrenzung vorausgeht. René Guénon schreibt in diesem Sinn: »Jede wahre Tradition ist in erster Linie monotheistisch oder präziser ausgedrückt, sie bestätigt an erster Stelle die Einheit des Höchsten Prinzips, von dem alles abstammt und vollkommen abhängig ist.«[12] Das ist die eigentliche Bedeutung des Dharmakaya als der Ursprung aller Manifestationen. Dieser Dharmakaya befindet sich jenseits der Zwischendimension des Sambhogakaya, in der die Götter verweilen.

Der Buddhismus betrachtet den Erleuchtungsgeist, die Natur aller Buddhas, als untrennbar verbunden mit unserer eigenen Natur. Ananda, der engste Schüler des Buddha, fragte diesen an seinem Sterbelager, ob er nach seinem Ableben weiterhin lehren werde. Der Buddha antwortete darauf:

»Seid euer eigenes Licht. Seid eure eigene Zuflucht. Wendet

euch keiner äußeren Zuflucht zu. Haltet fest an der Wahrheit als einziges Licht. Sucht keine andere Zuflucht als in euch selbst. Diejenigen, Ananda, die nach meinem Ableben ihr eigenes Licht sein werden, die sich keiner äußeren Zuflucht zuwenden, sondern an der Wahrheit wie an ein Licht, an der Wahrheit als ihre einzige Zuflucht festhalten und keine andere Zuflucht als die in sich selbst suchen, werden zu den höchsten Gipfeln aufsteigen.«

Diese Aussage macht deutlich, dass die Verbindung mit den Göttern grundsätzlich auf dem Göttlichen im Menschen basiert, sie zeigt den nicht-theistischen Charakter des Buddhismus.

Die zwei Formen des Ur-Buddha: Samantabhadra und Vajradhara

Der Buddha des Dharmakaya ist der Ur-Buddha. Er repräsentiert die bedingungslose Qualität des erwachten Geistes – jenseits von Zeit und Raum, von allem begrifflichen Wissen und allen realisierbaren Handlungen.

In den Schulen des tibetischen Buddhismus erscheint der Ur-Buddha in zwei Hauptformen. In der Nyingmapa-Schule ist er Samantabhadra (tib. Küntu Sangpo). Er hat die Gestalt eines unbekleideten jungen Prinzen und eine blaue Körperfarbe, durch deren Intensität er mit dem Himmel zu verschmelzen scheint. Seine Nacktheit und Körperfarbe symbolisieren die grundlegende Einfachheit des Dharmakaya. Khenpo Thubten erläutert:

»Denken wir an Samantabhadra, entsteht in unserem Geist sofort das Bild eines unbekleideten jungen Menschen von blauer Körperfarbe, aber das entspricht nicht dem wirklichen Bild. In Wirklichkeit besitzt Samantabhadra keine Gestalt. Samantabhadra repräsentiert das Tathagatagarbha, das absolute Wesen unserer Natur.

Wenn Samantabhadra keine Gestalt besitzt, warum wird er dann in dieser Weise dargestellt? Diese formelle Darstellung ist rein symbolischer Natur. Sie hilft uns, die Bedeutung von Samantabhadra erfassen. Das Blau bleibt, auch wenn wir Weiß oder Schwarz hinzumischen, ursprünglich ein Blau. Diese Farbe symbolisiert den unwandelbaren Charakter von Samantabhadra, unser unwandelbares Wesen.

Seine Nacktheit, die Abwesenheit von Gewändern und schmückenden Elementen, symbolisiert seine Freiheit von allen Trübungen und Unreinheiten. Die Darstellung gemeinsam mit seiner weißen Gefährtin symbolisiert die Erscheinungen in ihrem absoluten Aspekt, die absolute Einheit von Erscheinung und Leerheit, die Einheit von Methode und Weisheit, die Einheit von Mitgefühl und Leerheit.«

In den drei jüngeren Schulen des tibetischen Buddhismus (Kagyüpa, Sakyapa und Gelugpa) lehrte Buddha die Geheimlehre des Tantra in der Gestalt von Vajradhara (tib. Dorje Chang). Die Bedeutung dieses Namens ist »Halter des Vajra« und symbolisiert die Stabilität und Unzerstörbarkeit seines wahren und ursprünglichen Wesens. Vajradhara hält in einer Hand eine Glocke als Symbol der Weisheit und einen Vajra als Symbol der Methode, die er zur Unterstützung der Entwicklung dieser Weisheit einsetzt. Dieser Ur-Buddha ist, ungeachtet seines Namens, die absolute Manifestation der reinen und perfekten Wahrheit, aus der alle Lehren hervorgehen. Er ist der sechste Buddha, der alle Tathagata vereint und gleichzeitig ihr Ursprung ist.

Die fünf kosmischen Buddhas

Der tantrischen Lehre zufolge gehen aus dem Ur-Buddha fünf Buddhas hervor, die im Sanskrit als »Jina« (tib. *gyalwa nga*) bezeichnet werden. Jeder Jina herrscht über eine der fünf Richtungen des Universums, das heißt über das Zentrum und die vier Hauptrichtungen. Diese fünf Buddhas symbolisieren die fünf Grundarten der menschlichen Erfahrung sowie das Universum selbst.

Jedem Buddha ist eine gewöhnliche Emotion zugeordnet, die in eine bestimmte Weisheit, das heißt einen bestimmten Aspekt des erleuchteten Geistes transformiert werden kann. Jeder Buddha steht für ein Grundprinzip, dem eine der fünf Farben (Weiß, Blau, Gelb, Rot und Grün), eines der fünf Elemente (Raum, Wasser, Erde, Feuer und Luft/Wind), eine Jahreszeit und eine Landschaft entsprechen. Anders ausgedrückt, jeder dieser Buddhas steht für einen der fünf Aspekte, mit denen wir die Welt der Erscheinungen insgesamt wahrnehmen.

Im tantrischen Buddhismus werden diese fünf Buddhas in einem komplexen Pantheon vereint. Jeder von ihnen ist mit einem weiblichen Buddha als Repräsentantin des jeweiligen Elementes und einer Eskorte von Bodhisattvas als Repräsentanten des Aspektes seiner Aktivitäten verbunden. Ihre Namen und Ikonographie – Farben, Symbole, Begleittier, Geste und Körperhaltung – symbolisieren ihre Qualitäten und Charakteristiken.

Aksobhya,
der Buddha der Spiegelgleichen Weisheit

Aksobhya (tib. Mikyopa) ist der erste himmlische Buddha, der in den historischen Schriften erwähnt wird. Im *Vimalakirti Nirdesa* sagt Buddha Shakyamuni:»Es gibt ein Land mit dem Namen Abhirati und einen Buddha mit dem Namen Aksobhya. Vimalakirti starb in diesem Land und nahm hier eine Geburt an.« Der Legende nach war Aksobhya ein Bodhisattva, der das Gelübde ablegte, Meditation ohne den geringsten Zorn und die geringste Abscheu gegen ein Lebewesen gleich welcher Art zu praktizieren. Er erwies sich als unerschütterlich im Einhalten seines Gelübdes und verwirklichte nach einer Praxis von unendlicher Dauer die Buddhaschaft.

Sein Thron ist mit einem Elefanten geschmückt, in der linken Hand hält er einen fünfstrahligen Vajra. Dieser ist sein Symbol und der Ausdruck der Unzerstörbarkeit des »nackten« Bewusstseins. Seine recht Hand ruht als Zeichen des entschlossenen Widerstandes gegen alle Versuchungen in der symbolischen Geste der Anrufung der Erde als Zeugin seiner Erleuchtung (skt. *bhumisparsamudra*).

Der Name Aksobhya bedeutet der »Unwandelbare« oder »Unerschütterliche«. Seine Körperfarbe ist ein leuchtendes, tiefes Blau von einer Intensität wie die intellektuelle Schärfe, die er manifestiert. Er ist die Spiegelgleiche Weisheit, die Fähigkeit, die wahre Natur aller Dinge zu sehen, wie der Spiegel, in dem sich alle Erscheinungen präzise bis ins kleinste Detail reflektieren.

Aksobhya repräsentiert die Fähigkeit des Dharma, den Hass aller Wesen in die blaue Weisheit der Perfektion der absoluten Wirklichkeit zu transformieren.

Ratnasambhava, der Buddha der Vergleichenden Weisheit

Ratnasambhava (tib. Rinchen Jungne), der »Ursprung der Juwelen«, wird mit der Handfläche seiner rechten Hand nach außen in der Geste des Gebens (skt. *varadamudra*) dargestellt. In seiner linken Hand hält er sein eigentliches Symbol, den Wunschjuwel, als Zeichen des Reichtums. Er ist der Herr der Freigebigkeit und des Gleichmutes.

Sein Thron ist geschmückt mit Pferden, die seine Macht repräsentieren. Sein Element ist die Erde, und er repräsentiert die Fähigkeit, alle Dinge durch den natürlichen Kreislauf des Werdens und Vergehens zu führen. Er steht für die kraftvolle und massive Eigenschaft der Berge und für die Zeit des Herbstes, wenn die Früchte reif sind und die Natur in goldenen Farben erstrahlt.

Ratnasambhava verkörpert das Empfinden, die Berührung, die

Ratnasambhava

Erfahrung der Vollständigkeit der Wirklichkeit, wie sie ist, und den unwandelbaren Charakter der Erscheinungen ungeachtet jeder Aktivität.

Dieser Buddha kann auch als eine präzise Erfahrung verstanden werden: Plötzlich hat man kein Vertrauen mehr in den ursprünglichen Reichtum und empfindet Armut und Mangel an Ressourcen. Alle unsere Anstrengungen, die Reichtümer erneut zu erlangen, sind vergeblich und verstärken aufgrund unserer Verwirrung, deren Ursprung die fehlende Erkenntnis der Weisheit von Ratnasambhava ist, unseren Hochmut oder unser Gefühl des Mangels. Dies erweckt das Mitgefühl von Ratnasambhava, der diese Erfahrungen in Gleichmut transformiert.

Amitabha,
der Buddha der Unterscheidenden Weisheit

Amitabha (tib. Nangwa Thaye oder Öpame), der Buddha des Mitgefühls, trägt zwei Namen. Der eine ist Amitabha (Unermessliches Licht), der andere Amitayus (Unermessliches Leben). Dieser zweite Name beschreibt die unermessliche Dauer seines Lebens. Amitabha ist der bekannteste der fünf Buddhas. Seine Verehrung basiert auf drei essenziellen Sutren, der Lang- und Kurzfassung des *Sukhavativyuhasutra* (Ornament des Landes der Glückseligkeit) und des *Amitayurdhyanasutra* (Meditation über Amitayus).

Vor langer Zeit, in der Ära eines früheren Buddha, lebte ein König, der seinem Thron entsagte und unter dem Namen Dharmakara als Mönch ordinierte. Es war sein Bestreben, zu einer späteren Zeit ein Buddha zu werden. Er legte das Gelübde ab, ein Reines Land zu erschaffen, das die hervorragenden Qualitäten aller Reinen Länder vereinen würde und dessen Bewohner die höchste Vollkommenheit besitzen würden. Die Reinen Länder sind spirituelle Universen oder von einem speziellen Buddha erschaffene Bewusst-

Amitabha

seinsebenen. In diesen als Paradies beschriebenen Reinen Ländern gibt es keine Hindernisse, die buddhistische Lehre zu hören und zu praktizieren.

Nachdem er Erleuchtung verwirklicht hatte und Amitabha geworden war, schuf er für seine Schüler eine Welt mit dem Namen Sukhavati (Ort der Glückseligkeit). Praktizierende, die sich Amitabha zuwenden, werden in diesem Reinen Land wiedergeboren und studieren dort friedlich unter seinem Schutz.

Dharmakara legte auch das Gelübde ab, jedes sterbende Wesen, das Erleuchtung anstrebt und ihm seinen Geist mit Hingabe zuwendet, in sein Reines Land zu führen, wo es im Herzen einer Lotosblüte wiedergeboren wird. Dank seines Mitgefühls öffnet sich ein neuer Weg der Befreiung, der keine unendliche Anzahl von Wiedergeburten voraussetzt. Die Erleuchtung ist nun nicht länger ausschließlich durch die individuelle Willenskraft möglich, wie es in den frühen Lehren beschrieben wurde, sondern auch durch die Hinwendung zu einem Buddha.

Die Hände Amitabhas ruhen unter dem Bauchnabel zusammen in der Geste der Meditation (skt. *dhyanamudra*). Sein Element ist das Feuer, dessen Eigenschaft fesselnd und magnetisierend und dessen Kraft mächtig und gleichzeitig gefährlich ist. Dargestellt wird er entweder im Herzen einer Lotosblüte oder auf einem mit Pfauen geschmückten Thron. Beide Symbole haben die gleiche Bedeutung. Der Lotos erblüht an der Wasseroberfläche in strahlender Schönheit, obwohl er im trüben Schlamm verwurzelt ist. Der Pfau verdankt sein prächtiges Gefieder den Giftpflanzen, von denen er sich ernährt. In gleicher Weise transformiert der Weg des Tantra die verschiedenen Gifte emotionaler Konflikte in ein höheres Bewusstsein. Im *Hevajra Tantra* heißt es: »Es sind dieselben Kräfte, die den einen in die Irre leiten und den Yogi zur höchsten Befreiung führen.«

Amitabha transformiert Leidenschaft in Unterscheidende Weisheit. Die Wurzel der Leidenschaft ist die Fähigkeit, unter verschiedenen Möglichkeiten zu wählen, alle Dinge mit Präzision und Klarheit wahrzunehmen und eine persönliche Verbindung mit ihnen einzugehen. Amitabha ist der im rubinroten Licht des Mitgefühls erstrahlende Buddha und gleichzeitig die Verkörperung der Leidenschaft in ihrer reinen Form.

Der Buddhismus versteht unter Mitgefühl das starke Verlangen, anderen Wesen zu helfen und ihnen ein Leben frei von Leiden und den Ursachen von Leiden zu wünschen. Mitgefühl entsteht somit nicht aus einer Verpflichtung, den leidenden Wesen aufgrund der besseren Situation, in der man sich befindet, helfen zu müssen, sondern aus einer bedingungslosen Offenheit. Diese Warmherzigkeit gegenüber anderen ist die natürliche Qualität unseres erwachten Herzens. Amitabha transformiert das egoistische Verlangen nach Besitz in eine altruistische und authentische Herzenswärme.

Amoghasiddhi, der Buddha der Allesvollendenden Weisheit

Amoghasiddhi (tib. Donyö Drupa), der »Wunscherfüllende Buddha«, verkörpert die Tatkraft, mit der sich alles verwirklichen lässt. Sein Element ist die Luft oder der Wind, und er symbolisiert Beweglichkeit.

Seine rechte Hand ruht mit der Handfläche nach außen in Höhe des Herzens in der Geste der Schutzgewährung und Furchtlosigkeit (skt. *abhayamudra*). In seiner linken Hand hält er als sein Symbol ein Schwert. Dieses bewegt sich durch den Raum, und seine scharfe Klinge durchtrennt alles, was sich ihm entgegenstellt. Amoghasiddhi verkörpert die reine, unzerstörbare und perfekte Handlungsweise. Seine Handlung ist richtig, da sie in perfekter Verbindung mit der Situation steht, in der sie stattfindet. In anderen Darstellungen ist sein Symbol ein kreuzförmiger Doppelvajra, der die Fähigkeit symbolisiert, alles zu transformieren.

Die menschliche Leidenschaft, die seine Aktivität weckt, ist die Eifersucht, symbolisiert durch seine grüne Körperfarbe. Diese Beziehung findet man auch in der Aussage unseres Kulturkreises – »Grün vor Eifersucht« – wieder. Das deutet darauf hin, dass die Wahrnehmung von Eifersucht als Grün nicht kulturell bedingt ist, sondern das Angesicht der tatsächlichen Wirklichkeit beschreibt.

Verliert man sein Vertrauen in die Qualität der Offenheit von Amoghasiddhi und vergleicht sich fortwährend mit anderen, ist man erfüllt von Eifersucht. Dieses Konfliktgefühl (skt. *klesha*) verleitet uns dazu, den anderen nicht mehr als unseren Nächsten zu erkennen, sondern wir nutzen ihn für die Zwecke unserer Handlungen aus, die unsere einzige Besessenheit geworden sind.

Vairocana,
der Buddha der Allumfassenden Weisheit

Vairocana (tib. Nampar Nangtse) hat eine weiße Körperfarbe. Er ist die Manifestation der Form beziehungsweise der Schöpfer aller Erscheinungen. Er nimmt im Mahayana eine zentrale Stellung ein, insbesondere im *Avatamsakasutra* (Sutra der Girlande des Buddha). Nach der Lehre dieses Sutra, eines der grundlegenden Texte der chinesischen Hua-Yen-Schule, ist der menschliche Geist das Universum selbst und identisch mit Buddha. In jedem Dharma, das heißt in jedem Aspekt der Wirklichkeit, ist das gesamte Universum eingeschlossen, und alle Dharmas durchdringen sich gegenseitig.

Die Ikonographie des Vairocana unterscheidet sich von den anderen vier Buddhas und nähert sich der Darstellung persischer Gottheiten wie Zoroaster an. Wie dieser wird Vairocana mit der Sonne verglichen.

Vairocana verkörpert die Gesamtheit der Wirklichkeit. Das Glas in meiner Hand wie der Tisch vor mir sind ein Teil von Vairocana

वैरोचन ह्रथ्यथ्युद्यईद्ध

Vairocana

selbst. Er ist der Herr der Familie des Rades (skt. *chakra*) und sitzt auf einem mit Löwen oder Drachen geschmückten Thron im Zentrum des Mandala der fünf Buddhas. Seine Geste symbolisiert das Drehen des Rades der Lehre (skt. *dharmachakramudra*). In anderen Darstellungen hält er die »Drei Juwelen« als Symbol von Buddha, Dharma und Sangha. Er verkörpert die Reinigung des dualistischen Bewusstseins, sein Element ist der Raum. Die menschliche Leidenschaft, die seine Aktivität weckt, ist die aus Unwissenheit entstehende Faszination, die er in – durch seine blaue oder weiße Farbe symbolisiert – allumfassende Weisheit transformiert.

Das Prinzip in Verbindung mit jedem dieser fünf Buddhas ist die Unmöglichkeit, die unreinen Aspekte der Leidenschaften künstlich in die von ihnen verkörperten Weisheitsaspekte zu transformieren. Die Leidenschaft muss in ihrer ursprünglichen Reinheit erkannt werden – so schwierig diese Loslösung von unserem an Manipulation gewohnten Geist auch sein mag. Jeder dieser fünf Buddhas zeigt uns auf, wie man einen der Aspekte der Erleuchtung in einem vollkommenen geistigen Gleichgewicht manifestieren kann.

Diese fünf Buddhas herrschen jeweils über ein kosmisches Zeitalter. Sie sind einerseits der Ursprung der Emanationen einer bestimmten Anzahl von Bodhisattvas und andererseits repräsentieren sie diese fünf weltlichen Buddhas: Krakucchanda, Kanakamuni, Kasyapa, Shakyamuni und Maitreya, der zukünftige Buddha, der bisher noch als Bodhisattva im Reinen Land von Tushita verweilt.

Das Prinzip der fünf Buddha-Familien

Die fünf Buddhas bilden innerhalb des Tantra eine kohärente Struktur. Die Yidams, die an späterer Stelle in diesem Buch beschrieben werden, stehen immer in Verbindung mit jeweils einem dieser Buddhas.

Die Gesamtheit der Erscheinungswelt wird durch die fünf Wesensarten wahrgenommen, die diese fünf Buddhas repräsentieren. Guiseppe Tucci schreibt:»Die fünf Buddhas verweilen nicht in göttlicher Gestalt in weit entfernten Himmeln, sondern manifestieren sich in uns. Ich selbst bin der Kosmos, die Buddhas sind in mir. Sie sind die fünf Elemente der menschlichen Persönlichkeit.«[13]

Die fünf soeben beschriebenen Buddhas konstituieren die fünf Familien der grundlegenden Natur aller Erscheinungen. In der tantrischen Ikonographie werden die Buddha-Familien in Form eines Mandala dargestellt. Im Zentrum dieses Mandala befindet sich die Buddha-Familie von Vairocana, im Süden die Ratna-Familie von Ratnasambhava, im Westen die Padma-Familie von Amitabha, im Norden die Karma-Familie von Amoghasiddhi und im Osten die Vajra-Familie von Aksobhya.

Chögyam Trungpa hat, vielleicht mehr als jeder andere Meister, über die fünf Buddha-Familien, deren Präsenz man in allen Aspekten unseres Lebens wiederfindet, gelehrt. Die Bedeutung dieser Lehre begründet sich seiner Erklärung nach auf der Tatsache, dass das Tantra real und persönlich und keine intellektuelle Metaphysik oder Kosmologie ist. Das Tantra steht in direkter Verbindung mit der persönlichen Realität unserer Existenz. Die fünf Buddha-Familien sind die tief greifendste Methode, »um eine Verbindung zwischen der gewöhnlichen Existenz unseres Alltagslebens und einem tantrischen Bewusstsein herzustellen«.[14]

Ich habe die fünf Buddhas hier mit Akzent auf diese Dimension und auf die Geistesebenen, die sie repräsentieren, vorgestellt. Sie stehen selbst mit den geringfügigsten Aspekten unseres alltäglichen

Lebens in Verbindung. Jede Buddha-Familie steht für eine Möglichkeit, direkt mit der Verwirrung zu arbeiten, da Verwirrung nicht als unabänderlich, sondern als wandelbar betrachtet wird. Man muss sich nur aufrichtig und direkt mit ihr verbinden.

Nach den fünf Buddha-Familien sollen hier noch einige wichtige Gottheiten aus dem tibetisch-buddhistischen Pantheon vorgestellt werden.

Vajrasattva

Vajrasattva (tib. Dorje Sempa) ist der Ur-Buddha aller Mandalas. In ihm vereinen und konzentrieren sich die fünf Buddha-Familien. Seine weiße Körperfarbe enthält die fünf Farben der Buddha-Familien. Sein Mantra, auch das »Hundert-Silben-Mantra« genannt, wird in allen Schulen des tibetischen Buddhismus zur Reinigung des Geistes rezitiert. Vajrasattva ist der Bodhisattva der Reinigung und repräsentiert die Reinheit des Bewusstseins oder der absoluten Wirklichkeit. In den Darstellungen hält er in der rechten Hand in Höhe des Herzens als Symbol der Methode einen Vajra und in der linken Hand, die in seinem Schoß ruht, als Symbol der Weisheit eine Glocke.

Tara, ein weiblicher Buddha

Die Grüne Tara (tib. Jetsün Drölma oder Drölma Jangu) war, bevor sie eine Gottheit wurde, eine vollendete Praktizierende. Die Mönche, die sie trafen, waren vom Glanz ihrer Vollendung so sehr beeindruckt, dass sie, geprägt von ihren gesellschaftlichen Vorstellungen, Tara für ihre zukünftigen Leben einen männlichen Körper wünschten. Sie aber lehnte diesen Wunsch ab und antwortete ihnen:

Hier gibt es weder Mann noch Frau,
kein Ich, keine Person, keine Kategorien.
Mann und Frau sind nur Bezeichnungen,
erschaffen von der Verwirrung
der verdorbenen Geister dieser Welt.

Aufgrund der groben Wahrnehmung dieser Mönche und der Tatsache, dass nur wenige Frauen praktizierten, beschloss sie, fortan ausschließlich als weiblicher Buddha zum Wohle der fühlenden Wesen tätig zu sein.

Einer anderen Legende nach wurde Tara aus einer Träne von Avalokiteshvara, dem Bodhisattva des Mitgefühls, geboren. Dieser wurde angesichts des Leidens aller fühlenden Wesen im gesamten Universum so sehr von hilfloser Trauer überwältigt, dass aus jedem seiner Augen eine Träne hervortrat. Die aus seinem rechten Auge fließende Träne verwandelte sich in die Grüne Tara und die Träne seines linken Auges in die Weiße Tara. Trotz dieser beiden Legenden wird Tara allgemein nicht als Bodhisattva betrachtet, sondern als ein Buddha. Sie ist *shunyata* (Leerheit), die Gefährtin aller Buddhas, und gleichzeitig *prajna* (das nicht dualistische Bewusstsein), die Mutter aller Buddhas, die den eigentlichen Gedanken der Erleuchtung geboren hat. Sie ist daher die Inkarnation des nicht dualistischen Bewusstseins, die in Verbindung mit den angemessenen Mitteln (skt. *upaya*) steht, die das Prinzip der männlichen Aktivität sind.

Während in den frühen Lehren des Buddhismus die Frauen teilweise aus kulturellen Gründen als minderwertig betrachtet wurden, nimmt der weibliche Aspekt in der Mythologie des Mahayana, wie sich aus der hohen Bedeutung von Tara ersehen lässt, eine zentrale Stellung ein.

In der spirituellen Geschichte Tibets haben eine große Anzahl von Frauen eine wichtige Stellung inne und werden als natürliche Emanationen von Tara betrachtet. Einige Beispiele sind die Ehefrau

des Königs Trisong Detsen, die Gefährtin von Padmasambhava
Yeshe Tsogyal oder die große Yogini Machig Labdrön, Gründerin
der Praxis des Chöd (symbolische Darbringung des eigenen Körpers an die Dämonen). Tara ist somit auch ein Abbild der vollkommen entfalteten und vollendeten weiblichen Energie.

In seiner Lehre des Tantra in Verbindung mit Tara rühmt Buddha Tara: »Es ist Tara, die alle Wesen vor allen Ängsten und Leiden,
gleich welcher Art, schützt und von diesen befreit.« Tara sorgt für
alle Wesen, als wären sie ihre eigenen Kinder und schützt sie vor
allen eventuellen Gefahren, die sich häufig in Form von Dämonen
manifestieren. Sie greift insbesondere gegen Ängste und Krankheiten ein; ihre Aktivität kann sich über das gesamte Universum
erstrecken.

In der Ikonographie hat Tara eine grüne Körperfarbe. Ihre linke
Hand, in der Geste der Furchtlosigkeit und Schutzgewährung, hält
in Höhe der Schulter den Stiel einer Utpala-Blüte, ihre rechte
Hand ruht mit der Handfläche nach außen auf ihrem rechten Knie
in der Geste des Gebens. Ihr linkes Bein ist in Meditationshaltung
angewinkelt, ihr rechtes Bein nach vorne abgewinkelt. Diese Beinstellung und ihre grüne Körperfarbe symbolisieren den aktiven
Aspekt des Mitgefühls. Tara wird auch die »Schnelle Befreierin«
genannt, da sie unmittelbar erscheint, wenn man sich an sie wendet. Dieser Aspekt wird ebenfalls durch ihre Beinstellung dargestellt.

Die Weiße Tara (tib. Drölma Karpo oder Drölkar) ist der meditative Aspekt des Mitgefühls und die Stütze der Praxis für ein lan-
ges Leben. Ihre Beine ruhen in Meditationshaltung. Die Gesten
und Positionen ihrer Hände sind identisch mit der Grünen Tara.
Ein drittes Auge auf ihrer Stirn und jeweils ein Auge auf ihren beiden Handflächen und Fußsohlen symbolisieren die Omnipräsenz
ihres Schutzes.

प्रज्ञापारमिता མེར་ཕྱིན

Prajnaparamita

Die Bodhisattvas

In den Schriften des Mahayana wird der Buddha von einem Gefolge von Wesen in königlichen Gewändern begleitet. Diese sind die Bodhisattvas oder »Helden des Pfades der Erleuchtung«.

Ein Bodhisattva (tib. *jangjub sempa*) ist ein Praktizierender, der das Gelübde abgelegt hat, seinen Weg über alle menschlichen Grenzen hinaus auszuweiten. Er geht seinen spirituellen Weg über einen bedeutend längeren Zeitraum, als seine eigene Verwirklichung in Anspruch nehmen würde. Obwohl er Erleuchtung verwirklichen könnte, verweilt er in der Welt und unterstützt alle fühlenden Wesen, die noch aufgrund ihrer Unwissenheit dem Leiden unterworfen sind, bis diese ebenfalls vollendete Buddhas geworden sind. Sie sind ihrer Möglichkeit nach Buddhas, die aber das Gelübde abgelegt haben, nicht auf der Ebene der Befreiung zu verweilen, solange nicht auch das geringste aller Wesen vom Leid befreit ist.

Der Bodhisattva, der seinem persönlichen Wohl zum Vorteil der anderen Wesen entsagt, ist das Abbild einer großen Heldenhaftigkeit. Er überschreitet fortwährend alle Grenzen und übernimmt eine unermessliche Verantwortung. Er ist für das Wohl der fühlenden Wesen zu allen Opfern bereit. Aufgrund seines Mutes wird der Bodhisattva auch mit einem Krieger verglichen.

Die Motivation seines Einsatzes für andere Wesen ist allerdings kein mystischer Altruismus, sondern die Konsequenz seiner Erkenntnis der Nichtexistenz eines substanziellen Selbst. Sobald die Trennung von »Ich und andere« aufgehoben ist, verbleibt nur ein Ozean von Leiden, der erst austrocknet, wenn alles Leid der Wesen getilgt ist.

Der Bodhisattva ist Ausdruck des universellen Mitgefühls für alle Wesen, wie sein Lächeln voller Sanftheit und Güte deutlich macht. Er ist der Fürsprecher der Menschen vor den Buddhas. Da die Menschen häufig aus ihrer Verwirrung heraus nicht in der Lage sind, eigenständig die Lehren zu finden, tritt der Bodhisattva an ihre Stelle und bittet die Buddhas, das Rad der Lehre zu drehen. Obwohl ein Bodhisattva seinen Weg noch nicht vollständig abgeschlossen hat, ist er ein göttliches Wesen.

Die Tibeter schenken der »theologischen« Unterscheidung zwischen Bodhisattva und Buddha in ihrer Praxis keine besondere Beachtung. Sie wenden sich uneingeschränkt an beide.

In Tibet und China nehmen drei Bodhisattvas die höchste Stellung ein und werden als perfekte Buddhas betrachtet, die sich als Bodhisattvas der zehnten Erleuchtungsstufe (skt. *bhumi*) zum Wohle aller fühlenden Wesen manifestieren. Diese drei Bodhisattvas sind Manjushri, der Bodhisattva der Weisheit, Avalokiteshvara, der Bodhisattva des Mitgefühls, und Vajrapani, die Inkarnation des zornvollen Aspektes der Erleuchtung. In ihrer Eigenschaft schützen diese drei den Körper, die Rede und den Geist der Praktizierenden, die sich an sie wenden. Während aus der tantrischen Sichtweise der zornvolle Vajrapani den Geist, Manjushri den Körper und Avalokiteshvara die Rede der Buddhas repräsentieren, werden sie, in ihrem reinen Aspekt als Bodhisattvas, in der Ikonographie des Mahayana aufrecht stehend und friedvoll als indische Prinzen dargestellt. Sie gelten auch als die Kräfte der Reinigung des Geistes, denn »in jedem Moment der Weisheit sind wir wie Manjushri, in jedem Moment des Mitgefühls sind wir ein Abbild von Avalokiteshvara«.[15]

Manjushri

Manjushri (tib. Jampel Yang), der »Edle und Sanfte«, wird als die direkte Manifestation der Intelligenz betrachtet. Er wendet sich gegen die Ignoranz und fördert das spirituelle Wissen. Er wird als ein friedfertiger Prinz von ewiger Jugend dargestellt. Seine Haut ist weiß und rein, in anderen Darstellungen gelb-orangefarben. Einige Legenden erzählen, Manjushri sei aus einem Lichtstrahl geboren, der aus der Stirn von Buddha Shakyamuni ausstrahlte. Dieser Lichtstrahl spaltete einen Baum. Im Baumspalt erschien ein Lotos, in dessen Herzen Manjushri saß, mit Juwelen geschmückt und strahlend.

Mit seiner rechten Hand hebt er ein Flammenschwert als Symbol der Weisheit oder des unterscheidenden Wissens, das alle Illusionen durchschneidet, insbesondere die Unwissenheit und den Glauben an ein Selbst. Der Buddhismus betrachtet Unwissenheit nicht als einen Mangel, sondern als eine tatsächliche geistige Aktivität, die Einsicht verhindert.

In der linken Hand hält er einen Lotos, auf dem ein Weisheitsbuch ruht. Dieses ist im Allgemeinen die Schrift der Prajnaparamita, die das Wesen der Wirklichkeit und Leerheit erläutert. Manjushri reitet auf einem weißen Löwen mit einer türkisfarbenen Mähne. Obwohl sich seine Aktivität über den gesamten Kosmos erstreckt, hat er seinen bevorzugten Aufenthaltsort im chinesischen Gebirge der Fünf Gipfel (Wutaishan), einem bedeutenden Pilgerziel für Chinesen und Tibeter. In diesem Gebirge befinden sich mehr als sechzig Tempel. Der Legende nach bestanden die fünf Hauptgipfel ursprünglich aus fünf Edelsteinarten: Diamant, Saphir, Smaragd, Rubin und Lapislazuli.

Manjushri ist auch der legendäre Schöpfer des Kathmandu-Tales (das häufig als das eigentliche Nepal gilt und von den Tibetern »Balyul« genannt wird). Hier schlug er vom Gipfel des Berges Nagarjuna aus mit seinem Schwert eine Bresche in die umliegende Bergkette, durch die das Wasser des Sees, der bis dahin das Tal bedeckte, abfließen konnte.

Avalokiteshvara

Avalokiteshvara (tib. Chenresig) ist eine Emanation von Amitabha. Er hat ebenfalls einen Aufenthaltsort in einem chinesischen Gebirge, dem Emeishan. Dieses ist, wie Wutaishan, ein magischer Ort, an dem alte und moderne buddhistische Tempel zu Ehren dieses Bodhisattva errichtet wurden.

In der Ikonographie trägt Avalokiteshvara eine Krone und, an Stelle der Mönchsrobe eines Buddha, königliche Gewänder. Über seinem Kopf thront Buddha Amitabha als Quelle der Inspiration seiner Aktivitäten. Seine Körperfarbe ist Weiß, und in den meisten Darstellungen hat er ein Gesicht und vier Arme. Andere Darstellungen zeigen Avalokiteshvara mit elf Gesichtern und tausend Armen. In der vierarmigen Darstellung hält er in der linken Hand als Zeichen der reinen Schönheit seines Mitgefühls den Stengel einer Lotosblüte. In der rechten Hand hält er eine Gebetskette (skt. *mala).* In vielen Darstellungen trägt Avalokiteshvara zwischen den zusammengelegten Handflächen seiner beiden weiteren Arme ein wunscherfüllendes Juwel (skt. *cintamani).* Dieses ursprünglich aus vorbuddhistischer Zeit stammende Symbol, das als Amulett gegen böse Einflüsse getragen wurde, symbolisiert den Ausdruck seines Willens, alle rechtschaffenen Wünsche zu erfüllen. Die Klarheit seiner Darstellung symbolisiert darüber hinaus die natürliche Reinheit des Geistes, die ungetrübt unter den geistigen Verunreinigungen ruht.

Der Bodhisattva des Mitgefühls wird überall, aber insbesondere in Tibet angerufen, da er dort als das spirituelle Oberhaupt des Landes und fast schon als dessen Schöpfer angesehen wird. Die Tibeter, die es bedauerten, dass der Buddha niemals ihr Land besucht und sie im Dunkel der Unwissenheit gelassen hatte, erhielten den Segen von Avalokiteshvara. In einer Zeit, in der die Tibeter für ihre unzähmbare Wildheit berüchtigt waren, legte er das Gelübde ab, dem Land des Schnees Rettung zu bringen, und äußerte den

Wunsch, dass »dieses dunkle und barbarische Land strahlend wie eine Insel erfüllt von Edelsteinen werden möge«.

Eine andere Legende erzählt, wie Avalokiteshvara der Stammvater des tibetischen Volkes zu einer Zeit wurde, als Tibet noch von Dämonen bevölkert war. Eines Tages manifestierte er sich, erfüllt von Mitgefühl für dieses karge und entvölkerte Land, in der Gestalt eines Affen. Er vereinigte sich mit einer Dämonin, der Riesin der Felsen. Aus dieser Vereinigung gingen sechs Affen ohne Schwänze hervor, die den Ursprung der sechs Stämme Tibets bildeten. Die Tibeter, die sich selbst nicht immer nur wohlwollend betrachten, sagen über sich selbst, dass sie manchmal von der Leidenschaft ihrer Affen-Urahnen getrieben werden und führen ihre Launenhaftigkeit und Streitlust direkt auf ihre Dämonen-Ahnfrau zurück.

Der tibetische Name Chenresig bedeutet der »Herr, der seinen Blick (mitfühlend) nach unten richtet«. Sein Mantra *Om Mani Padme Hum* wird zu allen Gelegenheiten rezitiert und ist in unzählige Steine und Berge graviert. Der Dalai Lama, das geistige und weltliche Oberhaupt der Tibeter, gilt als Inkarnation von Avalokiteshvara, und der Potala-Palast in Lhasa als Replik seines kosmischen Palastes.

Vajrapani

Vajrapani (tib. Chana Dorje) ist der Halter des Vajra und ein Urbild der zornvollen Gottheiten. Wie bereits erwähnt, wird er als zornvoller und friedvoller Aspekt dargestellt. In der zornvollen Darstellung steht sein Bauch weit hervor, er hat drei weit geöffnete Augen, seine Körperfarbe ist Dunkelblau, eine Schlange umwindet seinen Nacken, und er ist umgeben von einem Flammenkranz. Bekleidet ist er mit einem um die Hüfte gewundenen Tigerfell. In seinem friedvollen Aspekt wird er stehend oder sitzend dargestellt. Seine Körperfarbe ist Blau, in der rechten Hand hält er einen Vajra

वज्रपाणि गुर्मरं

Vajrapani

und mit der linken den Stiel einer Utpala-Blüte. Vajrapani ist der Bodhisattva der Energie und Kraft. Er personifiziert den Sieg über die Horden des Mara, die den Buddha angriffen, und ist in dieser Eigenschaft der Begleiter und Beschützer Buddhas.

Manjushri, Avalokiteshvara und Vajrapani bilden die Aspekte Weisheit, Mitgefühl und Erleuchtungskraft. Gemeinsam sind sie die »Drei Schützer der drei Familien« und zählen zu den »Acht großen Bodhisattvas« der indo-tibetischen Tradition.

Man hat die Bodhisattvas mit den Heiligen der katholischen Kirche verglichen, da die Tibeter sie anrufen und um Unterstützung für ihre Meditation oder um ihr Eingreifen bitten. Die Bodhisattvas der Tibeter haben jedoch eine kosmische Dimension und können sich gleichzeitig an mehreren Orten aufhalten. Sie sind magische Wesen, die Emanationen hervorbringen können. So hat zum Beispiel der oben beschriebenen Legende nach Manjushri das Land Nepal erschaffen, indem er auf magische Weise das paradiesische Kathmandu-Tal für die Besiedlung öffnete.

2
Zufluchtsobjekte im Buddhismus

Von den Drei Juwelen zu den Drei Wurzeln

Für Buddhisten hat die Zufluchtnahme zu den »Drei Juwelen« – Buddha, Dharma und Sangha – oberste Priorität. Buddha steht für den Beweis, dass der Weg der Befreiung möglich ist. Das Dharma bildet die Gesamtheit der Lehren und zeigt die Wahrheit auf. Die Sangha ist die Gemeinschaft aller Praktizierenden, die den Einzelnen auf seinem Weg unterstützt. Man unterscheidet zwischen zwei Arten von Sangha, der Sangha der gewöhnlichen Wesen und der Sangha der erhabenen Wesen. Die Sangha der erhabenen Wesen bilden die Arhats und Bodhisattvas. Diese sind in ihrer spirituellen Praxis weit fortgeschritten, haben aber noch nicht vollkommene Buddhaschaft verwirklicht. Die Unterscheidung zwischen diesen beiden Arten von Sangha stellt keine qualitative und hierarchische Wertung dar. Der Praktizierende des Pfades der Erleuchtung muss sich auf alle drei Juwelen und nicht allein auf Buddha stützen. Daher haben auch Dharma und Sangha für den Praktizierenden einen zentralen Stellenwert.

Das Beste, was einem Menschen passieren kann, ist Schüler von Buddha zu werden. Da dies gegenwärtig jedoch nicht möglich ist, hat der Mahayana-Buddhismus einen Weg aufgezeigt, wie wir dennoch unmittelbare Unterweisungen von den Buddhas erhalten können. Da sie für ihre Präsenz keinen Körper benötigen, können sie von den Praktizierenden direkt angerufen werden, wie zum Beispiel in den Praktiken der Reinen Länder. Die Praktizierenden können darüber hinaus einen Buddha, zu dem sie sich am meisten hingezogen fühlen, direkt um Unterstützung bitten. Aus dieser Perspektive betrachtet besteht die Möglichkeit, direkte Unterweisungen zu erhalten und die Praxis auch ohne die Sutren, Schriften und Worte von Buddha Shakyamuni zu erlernen.

In der Praxis des Vajrayana nimmt man neben der Zuflucht zu den Drei Juwelen auch Zuflucht zu den »Drei Wurzeln«. Diese sind der Lehrer oder die Lehrerin (Lama), Yidam (Weisheitsgottheit) und Dharmapala (Schutzgottheit).

Es gibt verschiedene Überlieferungen, die versuchen, die Authentizität der Lehren des Vajrayana aufzuzeigen, und viele Gelehrte bemühen sich, die Wandlungen und Ergänzungen, die die Lehre des historischen Buddhas erfahren hat, angemessen darzustellen. Aber diese Sichtweise muss beschränkt bleiben. Tiefgründiger als die Rekonstruktion einer historischen Wahrheit ist die Wahrheit, die aus der direkten Erfahrung des Praktizierenden hervorgeht. Bedeutender als die offensichtliche Wahrheit ist die Wahrheit anderer Bereiche der Realität, wie beispielsweise die Wahrheit jener Bereiche, in denen die Götter verweilen.

Bestimmten Überlieferungen zufolge lehrte der Buddha das Tantra auf Bitten von Indrabodhi, dem König von Uddiyana. Anderen Quellen zufolge sagte der Buddha vor seinem Verlassen der Erde voraus, dass vierundachtzig Jahre später die höchsten Lehren des Vajrayana im Osten erscheinen würden. Nach Ablauf dieser Zeitspanne versammelten sich fünf »sehr heilige Wesen« in tiefer Meditation in Südindien auf dem Gipfel des Berges Malaya. Diese fünf Wesen waren ein Gott, ein Yaksha, ein Rakshasa, ein Naga und ein Mensch. Sie erhoben folgende Klage: »Wir leben in einem dunklen Zeitalter. Wer wird die Dunkelheit dieser Welt beseitigen, wenn das Licht des Buddha erloschen ist?«

Kaum war diese Klage ausgesprochen, erschien Vajrapani, der Halter der tantrischen Lehren, und lehrte sie das Vajrayana. Der

Rakshasa schrieb dieses Tantra, dank seiner übernatürlichen Kräfte, mit aus Lapislazulipulver hergestellter Tinte auf Goldblättern nieder. Anschließend verbarg er das Werk mit seinen magischen Kräften im Himmel.

Vierundachtzig Jahre nach dem Ableben des Buddha erhielt der König Namens Ja auf wundersame Weise achtzehn tantrische Schriften und eine Statue von Vajrapani, die wie Regen auf das Dach seines Palastes fielen. Sein fester Glaube und seine Gebete hatten ihm die Fähigkeit verliehen, diese Schriften zu lesen.

Gottheiten und Yidams als Stützen der Meditation

Der Yidam, eine tantrische Gottheit

Zwischen dem 3. und 12. Jahrhundert nahm die Lehre des Mahayana eine einzigartige Entwicklung, die man als Tantra bezeichnet. Dieser Begriff basiert auf der Wurzel *tan* (erweitern, entwickeln oder fortführen) und drückt die Tatsache aus, dass alles miteinander verbunden und nichts voneinander getrennt ist. Der tibetische Begriff *gyü* (Kontinuität) hat eine identische Bedeutung.

Wie bereits erwähnt, lehrt das Mahayana eine Lebensweise ohne Referenzpunkt: die Erfahrung von Shunyata (Leerheit). Tantra ist der Weg, die Aufmerksamkeit auf den lebendigen Charakter der Leerheit zu lenken. Mit anderen Worten, Tantra entsteht aus der Erkenntnis der magischen Qualität im Herzen von Shunyata – einer Fülle, die in den älteren Fahrzeugen der Lehre noch nicht erforscht worden war und die die tatsächliche Kontinuität der Erfahrung der Praktizierenden darstellt.

Dieser radikale Aspekt führt dazu, dass man den Weg des Tantra nicht ohne eine gründliche Vorbereitung beschreiten sollte. Praktizierende müssen zuerst die grundlegende Wahrheit des Leidens, der Vergänglichkeit und der Abwesenheit eines Selbst ermessen und auf diesem Wege das Verständnis der Leerheit der Natur aller Erscheinungen entwickeln. Nach der Erkenntnis, dass alle unreinen Wahrnehmungen nichts anderes als die Schöpfung der eigenen Projektionen sind, das heißt nach der Befreiung von den eigenen Vorurteilen und Ansichten, können sie die allen Erscheinungen inhärente Reinheit erkennen und direkt mit ihnen in Verbindung treten. Chögyam Trungpa merkt dazu an:

»Tantra glaubt an die Dualität, während das Mahayana an die Abwesenheit von Dualität, den Weg der Mitte, glaubt. Tantra glaubt an den Weg der Extreme. Es gibt vier Tantra-Klassen: das Vater-Tantra, das Mutter-Tantra, das neutrale Tantra und das transzendente Tantra. Diese sind in dieser Reihenfolge das Tantra der Aggression, das Tantra der Leidenschaft, das Tantra der Unwissenheit und das Tantra, das die Eigenschaften der ersten drei Tantras transzendiert und vereint. Diese Tantras sind äußerst direkt.«[16]

Die Dualität unseres alltäglichen Lebens wird als solche erkannt, und von hier aus beginnen die Praktizierenden ihren Weg. Dies ist der Weg der größten Direktheit, aber auch der größten Intensität. Die tantrischen Meister erklären, dass man eine große Anzahl von Leben für die Verwirklichung der Erleuchtung durch den Weg des Mahayana benötigt, während für den direkten Weg des Vajrayana ein einziges Leben ausreicht.

Das Tantra entwickelte das Pantheon des Mahayana und erweiterte dieses Fahrzeug durch Lehren und Praktiken, die nur unter strenger Geheimhaltung und nach vorherigen Einweihungen vermittelt wurden. Diese Lehren und Praktiken machen die Besonderheit des Vajrayana aus. Neben den Buddhas und Bodhisattvas des Mahayana kennt das Vajrayana weitere Gottheiten als besondere Stützen der Meditation. Diese sind die Yidams (skt. *istadevata*), die Buddhas des Sambhogakaya, und somit besondere Manifestationen der Erleuchtung.

Der tibetische Begriff *yid* bedeutet Geist, und *dam* bezeichnet eine reine und spirituelle Verbindung. Ein Yidam ist der authentische Ausdruck eines bestimmten Aspekts der Wirklichkeit, der in direkter Verbindung mit dem Praktizierenden steht. Daher wird der Yidam auch als die herzgebundene Gottheit bezeichnet. Indem der Praktizierende seine grundlegende Natur in ihrem unpersönlichen und universellen Aspekt wahrnimmt, erkennt er die Weisheit, die allen verwirrten Aspekten seiner Wahrnehmung innewohnt. Die Einheit von Verwirrung und Weisheit zu erkennen, das ist das Herz des Tantra – Verwirrung ist nichts als die erste Verzerrung der Weisheit.

Die Yidams als Ausdruck der wahren Wirklichkeit

Nach der Sichtweise des tantrischen Buddhismus existierten in der Welt zwei Arten von Wesen, die gewöhnlichen Wesen und die vollendeten Praktizierenden der Meditation, die eine reine Sicht der Wirklichkeit besitzen. Die gewöhnlichen Wesen – gefangen in ihren Leidenschaften, Denkstrukturen und Handlungsmustern – nehmen die Welt als eine Ansammlung materieller Dinge und Situationen wahr.

Die Praktizierenden der Meditation reinigen ihre Wahrnehmung von allen Fixierungen und beginnen, die Welt in ihrer lebendigen Kontinuität zu sehen. Sie sehen die subtilen Lebensenergien, die in den feinen Kanälen des Körpers zirkulieren. Sie erkennen die Kontinuität, die sich auf der Erde in Form der Gottheiten der Berge, Flüsse und Ebenen manifestiert. In ihrer Essenz ist die Gottheit kein höheres Wesen, das in einer entfernten Welt verweilt und manchmal dem Menschen zu Hilfe eilt, auch wenn dies auf der Ebene ihrer Manifestation so erscheinen mag. Solange wir in der Dualität von »Ich und andere« leben, treten die Gottheiten in das Spiel dieser Dualität ein. Es entwickelt sich zwischen diesen beiden Polen der Manifestation eine Situation der Trennung zwischen Ich und Gottheit.

Im Buddhismus muss man unterscheiden zwischen der absoluten und der relativen Wahrheit. Wenn es aus unserem Blickwinkel auf der einen Seite ein »Ich« und auf der anderen eine »Gottheit« geben kann, existiert aus dem absoluten Blickwinkel des Mahayana weder ein Ich noch eine Gottheit. Der zentrale Standpunkt des tantrischen Buddhismus ist, keiner dieser beiden Wahrheiten den Vorzug zu geben, sondern sie als eine Einheit zu erfahren. In dieser Ausrichtung erkennt das Tantra, dass die reichhaltige Vielfalt der relativen Wahrheit dem Menschen relative Mittel zur Überwindung seiner eigenen Begrenzung bereitstellt.

Drei Arten von Yidams:
Dakinis, Herukas und Yab-Yum-Gottheiten

Es gibt drei Arten von Yidams: die weiblichen Gottheiten (Dakinis), die männlichen Gottheiten (Herukas) und die Gottheiten in der Yab-Yum-Vereinigung.

Die Dakinis (tib. *khandroma*) sind die »Himmelswandlerinnen«. Himmel meint hier den absoluten Raum (Dharmadhatu), der die Verwirklichung der Leerheit repräsentiert. Die weibliche Energie steht in Verbindung mit dem verspielten, unvorhersehbaren und überraschenden Aspekt des Raumes, der uns erweckt. In seinem Wesen erkannt, ist der Raum ungeboren und ohne Ursprung. Eine Dakini kann, wie der Raum, unzählige Formen annehmen, so dass man sich ihrer nicht bemächtigen kann. Will man sich ihr nähern, ist sie weit entfernt, will man sich dagegen von ihr entfernen, ist sie ganz nahe. Die Dakini ist die transzendente Weisheit, die direkte Wahrnehmung der Wirklichkeit, während das männliche Prinzip das Mitgefühl für alle Wesen verkörpert.

Vajrayogini als Inkarnation des Dakini-Prinzips

Vajrayogini (tib. Dorje Naljorma) ist innerhalb des Tantra die Urform der weiblichen Gottheit. Sie ist die Leerheit, das heißt die grundlegende Empfängnis und absolute Empfangsbereitschaft, die Mutter aller Formen und Buddhas. Sie wird auch in Form von Vajravarahi (tib. Dorje Phagmo) verehrt. Alle Einzelheiten ihrer Erscheinung weisen auf die präzisen und von ihr repräsentierten Qualitäten der Erleuchtung hin. Ihre Gestalt, ihr Schmuck und ihre Körperhaltung stellen die Aspekte der Erleuchtung dar, die sie in anthropomorpher Form verkörpert.

Sie ist unbekleidet, da sie absolut frei von Verwirrung und Neurose ist. Sie trägt »keine Rüstung des Ego«, wie Chögyam Trungpa es ausdrückt. Sie hat ein einziges Gesicht, da alle Erscheinungen im Dharmakaya denselben Geschmack haben. Sie hat drei Augen, die gleichzeitig die Vergangenheit, Gegenwart und Zukunft sehen. Sie hat zwei Arme, denn sie ist die Einheit von Prajna, der unterscheidenden Weisheit, und Upaya, der Aktivität mit angemessenen Mitteln. Ihre Körperfarbe ist ein strahlendes Rot, die Farbe der Leidenschaft. Ihre leicht geöffneten Lippen entblößen ihre Zähne und verleihen ihrem friedlichen Ausdruck die Andeutung eines zornvollen Aspektes. Ihre Körperhaltung ist die des Tanzes, ihr rechtes Bein ist leicht angewinkelt. Der Absatz ihres Fußes schwebt über dem Boden, als wollte sie voranschreiten, denn sie verweilt nicht in den Extremen von Samsara und Nirvana. Sie gewahrt das gleichzeitige Erscheinen von Verwirrung und Erleuchtung.

Ihr linker Fuß steht, wie bei allen halb zornvollen Gottheiten, auf einem Leichnam, der auf einem Lotos, einer Sonne und einem Mond liegt. Diese drei bilden den Thron der Buddhas und Yidams. Die Sonne symbolisiert die Weisheit, der Mond das Mitgefühl.

Sie ist geschmückt mit Juwelen besetztem Knochenschmuck, einem Diadem, Ohrringen und einem Gürtel. Ihre Fuß- und Armgelenke zieren Fuß- und Armreife. Diese Ornamente zeigen, dass sie Freigebigkeit, Disziplin, Geduld, Ausdauer und Meditation, also fünf der sechs *paramita* gemeistert hat. Sie trägt kein Ornament als Symbol von Prajna, dem sechsten Paramita, da Vajrayogini selbst die Quintessenz von Prajna ist, die aufgrund ihrer Direktheit und Klarheit der Zögerlichkeit keinen Raum lässt. Als Symbol ihrer Kraft, gewöhnliche Konzepte zu zerstören und zu reinigen, trägt sie ein Halsband mit einundfünfzig frisch abgetrennten Köpfen.

In der rechten Hand trägt sie ein Messer, dessen geschwungene Klinge die Überwindung des Anhaftens an ein Ego symbolisiert. Mit diesem Messer, das auch als Haken des Mitgefühls bezeichnet wird, ergreift sie die Wesen, die im Leiden der sechs Daseinsbereiche gefangen sind, und führt sie in die Vajra-Welt. In dieser Weise vollendet sie die reine Aktivität eines Buddha.

Die linke Hand hält eine mit Amrita (Nektar) gefüllte Schädelschale als Gegenmittel gegen das Gift falscher Ansichten. In der linken Armbeuge befindet sich ein Khatvanga, ein tantrischer Stab, der in verborgener Form den Weltenherrscher Chakrasamvara, die Essenz der Glückseligkeit, symbolisiert. Mit diesem Attribut verkörpert Vajrayogini die vollendete Einheit des weiblichen und männlichen Prinzips. Manchmal ist ihr Gefährte auch Guru Rinpoche (Padmasambhava) und ihr Wesen daher das von Yeshe Tsogyal, seiner Schülerin und Gefährtin.

Thongwa Dönden, der sechste Karmapa, preist Vajrayogini in dem von ihm verfassten Sadhana mit folgenden Worten:

Bhagavati Vajrayogini,
Personifizierung der Leerheit des Vajra,
umgeben von lodernden Flammen,
die das Kalpa beenden, erklingt
durch Deine Stimme der
Schrecken erregende Laut HUM.
Wir verbeugen uns vor Dir,
Vajrachandali

Diese Worte beschreiben die Qualität der Leidenschaft, die Vajra-yogini verkörpert. Sie verwandelt neurotische Leidenschaft in ein alles verzehrendes Mitgefühl. Chandali (tib. *tummo*) ist die durch Yoga erzeugte Körperhitze, die in alle Richtungen ausstrahlt. Die Leidenschaft von Vajrayogini ist blendend und verschlingend wie die »lodernden Flammen, die das Kalpa beenden«. Sie ist vergleich-bar mit einer Explosion, die nach der indischen Mythologie das Sonnensystem verschlingt und ein historisches Zeitalter beendet. Ihr Schrecken erregender Laut HUM ist Ausdruck des zornvollen Aspektes ihrer Leidenschaft, der das Ego erzittern lässt.

Eine solche Leidenschaft ist untrennbar verbunden mit dem weiten Raum der Leerheit des Vajra, mit der leeren Offenheit des Nicht-Denkens. Leerheit steht in keiner Verbindung mit der nihi-listischen Vorstellung eines Nichts. Sie beinhaltet die vollständige Abwesenheit des Greifenwollens und der Fixierung, die vollkom-mene Substanzlosigkeit von Subjekt und Objekt.

Wie die Präsenz von Vajrayogini erlebt wird, soll an dieser Stelle am Beispiel von Tilopa (998–1069) näher beschrieben werden. Tilopa war ein indischer Mahasiddha, der jenseits aller gesellschaft-lichen Konventionen als Bettelmönch lebte. Da er die absoluten Lehren von ihrer Quelle selbst erhalten wollte, beschloss er, Vajra-yogini, die auch die Verkörperung von Prajnaparamita, der unter-scheidenden Intelligenz, ist, persönlich zu treffen. Diese Intelligenz bezieht sich nicht auf den Besitz von Wissen, sondern auf die Unterscheidungsfähigkeit, die der Buddhismus als das tiefe Wesen der Intelligenz betrachtet.

Tilopa begab sich zum Palast der Dakini, der sich der Überliefe-rung nach auf einer Insel in der Mitte eines vergifteten Sees befand. In diesem Punkt ähnelt die Geschichte von Tilopa zahlrei-chen Erzählungen, in denen der Suchende eine Vielzahl von Hin-dernissen überwinden muss.

Im Palast angekommen, traf er auf zahlreiche Armeen von Da-kinis, die den Palast bewachten und ihm den Zutritt verwehrten.

Tilopa ließ sich aber nicht beeindrucken und sah die Dakinis ohne den Hauch einer Unsicherheit direkt an. Hier liegt eine Andeutung des im Vajrayana zentralen Gedankens des Vajra-Stolzes. Dieser ist der Stolz unseres wahren Wesens, der den Praktizierenden unverwundbar macht. Nicht, weil der Praktizierende unempfindlich geworden ist, sondern weil er im Gegenteil seine Verwundbarkeit bis zu einem Punkt akzeptiert hat, dass ihn nichts mehr bedrohen kann. Mit anderen Worten, Tilopa stellte sich vollständig der Situation. Die Dakinis wurden gezähmt und ließen ihn passieren. Er betrat das Mandala von Vajrayogini und bat sie, ohne sich vor ihr zu verbeugen, um die Erfahrung des »Großen Siegels« (skt. *mahamudra*).

Während alle versammelten Dakas und Dakinis aufgrund dieser Respektlosigkeit Tilopas außer sich vor Zorn waren, bestätigte ihm Vajrayogini:

> Du bist mein Gatte, der Bhagavat.
> Du bist Chakrasamvara, die höchste Glückseligkeit.
> Buddha Tilo, Schützer der Wesen,
> Dir bringe ich die drei Juwelen dar,
> die alle Wünsche erfüllen.

Sie gab ihm die mündlichen Anleitungen der geheimen Übertragungslinie, und Tilopa wurde somit eins mit dem Geist von Vajrayogini. Diese Einswerdung mit dem Geist der Gottheit ist der Ursprung der Schule der Kagyüpa. Sie ist die Begegnung mit der Gottheit, auch wenn es sich dabei nicht um eine menschliche Verkörperung aus Fleisch und Blut handelt, sondern um eine Verkörperung in Form von farbigem Licht.

Chögyam Trungpa hatte eine Begegnung mit Vajrayogini, als er sich kurz vor seinem Ableben 1985 in einer Klausur in Mill Village in Kanada befand. Er selbst manifestierte sich als Chakrasamvara und beschrieb seinen Schülern Vajrayoginis Präsenz, schien aber erstaunt zu sein, dass nur er sie sehen und mit ihr in Verbindung treten konnte. Dieses kurze Beispiel soll aufzeigen, dass sich derartige Geschehnisse nicht nur vor Jahrhunderten ereigneten, sondern auch in der Gegenwart möglich sind.

Chakrasamvara

Chakrasamvara (tib. Khorlo Demchog) verkörpert das männliche Prinzip, den Heruka (tib. pawo), den Ruhmreichen und unzerstörbaren Trinker des Blutes des Ego. Er umarmt seine Gefährtin mit seinen beiden Armen, seine an den Handgelenken gekreuzten Hände halten einen Vajra und eine Glocke. Seine Hüften umspannt ein Tigerfell. Er trinkt die Lebensenergie, das heißt die sich in Bewegung befindlichen Erscheinungen, seien es Töne oder Gerüche, Berührtes oder Erblicktes, Gedanken oder Gefühle. Alle diese Bewegungen sind untrennbar mit dem Raum verbunden wie die Wellen mit dem Ozean.

Der Heruka betrachtet die in unserem Geist entstehenden Gedanken, die Augenblicke der Angst oder Verunsicherung, nicht als Ablenkung, sondern erkennt sie als die Natur der Bewegung im Raum.

Der Yab-Yum-Aspekt

In der Vereinigung des Yab-Yum-Aspekts (Vater-Mutter-Aspekt) symbolisieren Chakrasamvara und Vajrayogini die Vereinigung von Mitgefühl und unterscheidender Weisheit.

Die Herukas sind die Manifestation der aktiven Aspekte der Erleuchtung, der angemessenen Mittel und der Glückseligkeit. Die Dakinis sind unberechenbar und verspielt, sie verkörpern das Mitgefühl, die Leerheit und den Intellekt. Ihre Vereinigung zeigt, dass eine richtige und angemessene Handlung ohne Mitgefühl und Klarheit des Intellektes nicht wirksam sein kann und sich Glückseligkeit ohne Leerheit nicht verwirklichen lässt. Die Dakini umarmt den Heruka, als wäre er die Verkörperung des Universums. Im Gegensatz zu anderen Auffassungen stehen diese beiden Gottheiten nicht in Verbindung mit dem weiblichen und männlichen Prinzip oder dem Gedanken, ein Mensch sei erst dann ein vollkommener Mensch, wenn er diese beiden grundlegenden Energien in sich vereint. Die Gottheit in Vereinigung verkörpert die Gesamtheit des erleuchteten Geistes. Das gilt allerdings auch für das weibliche Element alleine, da es kontinuierlich die auf Illusionen beruhende Realität transformiert.

Zornvolle, friedvolle und halb zornvolle Yidams

Nach der Sichtweise des Mahayana darf der Bodhisattva auch in positiver Absicht weder Zorn noch Feindseligkeit ausdrücken, während der Praktizierende des Vajrayana eine direkte Verbindung zu den Energien der verschiedenen Emotionen sucht. Der Dalai Lama erläutert diesen Aspekt folgendermaßen:»Für die Umwandlung der Energie des Zornes gibt es die Darstellung der zornvollen Gottheiten. Handelt es sich um eine Umwandlung der Energie der Leidenschaft und des Verlangens, sind die Gottheiten in erotischen Aspekten dargestellt.«[17] Grundsätzlich gibt es die drei Aspekte: die friedvollen, halb zornvollen und zornvollen Yidams.

Die friedvollen Yidams inspirieren Sanftmut und zeigen die Nutzlosigkeit aller Aggressionen auf. Sie sind geschmückt mit den Ornamenten der alten arischen Götter. Statt das Ich zu zerstören, befrieden und zähmen sie es. In diesem Zusammenhang muss die Tatsache unterstrichen werden, dass das Ausmaß ihrer Friedfertigkeit, im Gegensatz zu anders lautenden Auffassungen, auch eine gewisse Gereiztheit auslösen kann. Die friedvollen männlichen und weiblichen Gottheiten werden Bhagavat beziehungsweise Bhagavati (die Ruhmreichen) genannt. Die halb zornvollen Gottheiten werden als die Vereinigung von Leidenschaft und Zorn beschrieben. Sie ziehen an und stoßen gleichzeitig ab.

Die zornvollen Yidams sind der Ausdruck des Vajra-Zornes, der von unbesiegbarer Kraft und frei von jeder Form des Hasses ist. Der unzerstörbare Charakter dieser Kraft entsteht, weil sie nicht erzeugt, sondern in ihrer ursprünglichen, erleuchteten Qualität erkannt wird.

Der zornvolle Zustand bekämpft alle Unsicherheiten, die das Ergebnis eines mangelnden Vertrauens in die eigene wahre Natur sind. Die zornvollen Yidams zerstören ohne Umschweife die Leidenschaft, Aggression und Illusion. Sie löschen innere und äußere, weltliche und spirituelle Hindernisse aus. Sie sind der rohe Aspekt der Existenz – denn die Welt besteht nicht nur aus Annehmlichkeiten und schönen Legenden.

Im Allgemeinen werden die zornvollen Gottheiten mit einer Krone aus fünf Totenschädeln, einer Girlande mit zweiundfünfzig Totenschädeln, sechs Knochenornamenten und Juwelenschmuck dargestellt. Der Großteil der männlichen Gottheiten ist mit einem Tigerfell und der Großteil der weiblichen Gottheiten mit einem Leopardenfell bekleidet. Die Bekleidung anderer zornvoller Gottheiten können eine Elefantenhaut als Symbol der Kraft oder eine Menschenhaut als Symbol des Mitgefühls sein.

Beschreibung einiger Gottheiten

Während die Buddhas und Bodhisattvas auch als Stützen der Meditation dienen – es gibt zahlreiche Sadhanas (Ritualtexte der Meditationspraxis, mit deren Hilfe der Praktizierende die drei Körper eines Buddha vergegenwärtigt) für Tara oder Avalokiteshvara –, sind eine große Anzahl von Gottheiten ausschließlich als Yidams bekannt.

Man kann drei Ebenen von Gottheiten unterscheiden. Die erste ist die der Gottheiten, die einem Bodhisattva untergeordnet sind. Sie erfüllen spezielle Aufgaben wie das Versammeln der Wesen, die der Bodhisattva unterweisen wird. Sie können auch Personifizierungen einer Eigenschaft des Bodhisattva wie diamantene Weisheit oder die Autorität seiner Sprache sein.

Die zweite Ebene ist die der unabhängigen Gottheiten, die ihrerseits häufig ein eigenes Gefolge von Wächtern haben. Sie geleiten Schüler zum Dharma oder zerstören Hindernisse. Sie sind keinem Bodhisattva untergeordnet, sondern entsprechen jeweils einem der fünf Buddhas der fünf Buddha-Familien.

Die dritte Ebene der Gottheiten, wie Vajrayogini oder Chakrasamvara, werden als Antlitz Buddhas selbst betrachtet und haben im Tantra eine bedeutendere Aufgabe als der historische Buddha. Diese letzte Entwicklungsstufe, die der tantrische Buddhismus in Indien erlebte, nimmt in Tibet eine zentrale Stellung ein. Da dieses Pantheon sehr umfangreich ist, werden an dieser Stelle nur einige Gottheiten vorgestellt.

Yamantaka

Yamantaka (tib. Dorje Jigje) ist der Bezwinger von Yama, dem König des Todes. Er verkörpert den gnadenlosen Aspekt der klaren Erkenntnis, die durch nichts begrenzt wird. Seine Schrecken erregende Gestalt treibt das Ich, den Schöpfer des Leidens, in die Flucht. Die Praxis des Yamantaka zielt insbesondere auf die Entwicklung der Leerheit gewahrenden Weisheit ab und schützt die Praktizierenden vor allen eventuellen Hindernissen.

Yamantaka kann zum einen der ersten Ebene der Gottheiten zugeordnet werden, auf der er ein Diener von Manjushri ist. Hier symbolisiert er Schutz und Reinigung und wird neben Manjushri, der ihn an Körpergröße weit überragt, als dessen zornvoller Diener dargestellt.

Auf der zweiten Ebene der Gottheiten ist Yamantaka der zornvolle und aktive Aspekt von Manjushri selbst. Die Darstellung von Yamantaka auf dieser Ebene verbindet ihn nicht mehr mit dem Bodhisattva oder einer anderen übergeordneten Gottheit. Hier ist er transformiert und wird mit sechs Gesichtern, sechs Armen und einem hervortretenden Bauch auf einem Büffel stehend dargestellt.

Er kann sich darüber hinaus in Vajrabhairava (tib. Ekvira), den »Schrecken erregenden Vajra« transformieren und in dieser Gestalt selbst einen Aspekt der Erleuchtung repräsentieren. In dieser erweiterten Gestalt hat er nicht mehr sechs, sondern vierunddreißig fächerartig ausgebreitete Arme, die Objekte als Symbole der Erleuchtung halten, und sechzehn Beine als Symbol der sechzehn Arten von Fehlern. Hier ist er ein Yidam im eigentlichen Sinne des Wortes und verweilt im Zentrum eines Mandala.

Guhyasamaya

Guhyasamaya (tib. Sangdu) bedeutet im Sanskrit »Geheime Vereinigung«. Seine Körperfarbe ist Dunkelblau, und er hat drei Gesichter. Das mittlere Gesicht ist blau und zornvoll, das rechte weiß und friedvoll und das linke rot.

Sowohl Guhyasamaya (Yab) als auch seine Gefährtin Sparsvajra (Yum), deren Körperfarbe ein helleres Blau ist, haben sechs Arme. Die beiden oberen Arme der Gefährtin umarmen den Nacken von Guhyasamaya, der seine Gefährtin seinerseits mit zwei Armen umfasst. Beide halten mit ihren freien Armen die identischen Symbole Vajra, Glocke, Schwert, Juwel, Rad und Lotos.

Guhyasamaya hat als Ausdruck von Aksobhya in Form einer Yab-Yum-Gottheit einen zentralen Stellenwert in der Schule der

Gelugpa. Tsongkapa, der Begründer dieser Schule, widmete ihm sogar fünf Schriften. Das *Guhyasamaya Tantra* wurde als eines der ersten Tantra ins Tibetische übersetzt. Jeder Gottheit entspricht ein Tantra, das als Grundlage der Abfassung von Sadhana-Texten dient, die wiederum die Grundlage der Praxis des entsprechenden Yidam bilden.

Hevajra

Hevajra (tib. Kye Dorje), von dunkelblauer Körperfarbe, hat vier Beine als Symbol der Zerstörung der vier Maras, acht Köpfe als Symbol der acht Arten der Befreiung und sechzehn Arme als Symbol der sechzehn Arten der Leerheit. Er hält eine Schädelschale (skt. *kapala*) mit speziellen Substanzen. Er ist der universelle Meister aller Dinge und aller lebenden und toten Wesen. Häufig wird er auch in Vereinigung mit seiner Gefährtin Nairatmya dargestellt.

Hevajra war der Haupt-Yidam des Übersetzers Marpa, der auch einer der Gründer der Schule der Kagyüpa ist. Heute wird er vor allem in der Schule der Sakyapa praktiziert, deren Schutzgottheit er ist.

Kalachakra

Kalachakra (tib. Dukhor) ist die Gottheit eines der bedeutendsten Tantra des tibetischen Buddhismus, das in allen Schulen gelehrt und praktiziert wird.

Ein Jahr nachdem Buddha Erleuchtung verwirklicht hatte, bat ihn Dawa Sangpo, der König des mythologischen Königreiches Shambala, um tantrische Unterweisungen. Buddha manifestierte sich auf diese Bitte hin in Südindien in der Form des Kalachakra. Er übertrug die vollständige Einweihung sowie die Erläuterungen

Guhyasamaya

dieses Tantra gleichzeitig mit seiner Lehre des Prajnaparamita auf dem Geiergipfel. Später besuchten zwei indische Gelehrte das Königreich Shambala und erhielten dort die Lehren des Kalachakra. Nach ihrer Rückkehr verbreiteten sie diese kostbaren Lehren. Die geographische Lage des Königreiches Shambala ist ein häufig diskutiertes Thema. Nach dem *Großen Kommentar zum Kalachakra* von Mipham, einem berühmten buddhistischen Meister des 19. Jahrhunderts, befindet sich das Königreich Shambala nördlich des Flusses Sita hinter acht Bergketten. Der Palast der Rigden, der Herrscher von Shambala, befindet sich auf dem Gipfel eines kreisförmigen Berges mit dem Namen Kailash. Der Palast mit dem Namen Kalapa erstreckt sich über mehrere Quadratkilometer. Es scheint jedoch, dass dieses Königreich auf einer anderen Existenzebene besteht und für gewöhnliche Wesen unsichtbar ist.

Das Königreich Shambala wurde als Beispiel einer Gesellschaft, in der alle Mitglieder ihr Leben der spirituellen Praxis widmen, in allen Ländern entlang der Seidenstraße eine bedeutende Inspirationsquelle. Prophezeiungen zufolge wird am Ende des 23. Jahrhunderts, im Anschluss an einen interplanetaren Krieg, der König von Shambala seine Macht über alle Nationen etablieren und ein Zeitalter des Glücks und spirituellen Reichtums einleiten.

Der Yidam Kalachakra hat vier Gesichter, vierundzwanzig Arme und zwei Beine. Das mittlere, nach vorne gerichtete Gesicht ist blau und deutet mit den entblößten Fangzähnen einen zornvollen Aspekt an. Das rechte Gesicht ist rot, das linke weiß und das nach hinten gerichtete Gesicht gelb. Alle Gesichter haben jeweils drei Augen. Die acht unteren Arme sind blau, die acht mittleren rot und die acht oberen weiß. Die Körperfarbe dieser Gottheit ist Blau. Jedes Element des Körpers von Kalachakra ist ein Symbol in Verbindung mit dem umfassenden und subtilen *Kalachakra Tantra*, das den Mikrokosmos des Menschen und den Makrokosmos des Universums erläutert. Sein rechtes äußeres rotes und linkes äußeres weißes Bein symbolisieren beispielsweise die Aufteilung des Jahres

Hevajra

in identische Abschnitte, das heißt die nördliche Deklination der Sonne vom 21. Dezember bis 21. Juni und die südliche Deklination der Sonne vom 21. Juni bis 21. Dezember. Die beiden inneren Beine der Gottheit symbolisieren den Wechsel des Atems. Das rechte gelbe Bein steht für den lunaren und das rechte rote Bein für den solaren Atem. Es gibt zahlreiche Werke, die dieses äußerst komplexe Tantra näher beschreiben.[18]

Die Bedeutung der Symbole

Mit der Beschreibung der Gottheiten und ihrer Attribute gelangen wir in den Bereich der Symbolik. Diesen zu verstehen ist schwieriger, als man spontan meinen möchte, wenn man ein Symbol als Abbild einer anderen Realität, wie beispielsweise Feuer als Symbol der Leidenschaft, versteht. Streng genommen ist das Feuer keine Manifestation der Leidenschaft, sondern damit man Leidenschaft verdeutlichen kann, wird es bildlich mit dem Begriff »Feuer« umschrieben.

Das griechische Wort *symballein*, die Wurzel unseres Wortes Symbol, bezeichnet die Vereinigung dessen zu einem Ganzen, was vorher getrennt war. Die Symbole bilden als Stütze der Meditation die einzige Sprache, die tatsächlich dem Ausdruck der Wahrheit auf der Ebene der Einweihung entspricht. Daher kann keine Deutung von Symbolen vollständig sein, da diese über alles intellektuelle Verstehen hinausgehen.

»Somit kann das Symbol dem, der in seine tiefe Bedeutung eindringen kann, unvergleichlich mehr aufzeigen als alles andere, was sich direkt ausdrücken lässt. Darüber hinaus ist es die einzige Methode, in einem gewissen Rahmen alles Unausdrückbare, das den eigentlichen Bereich der Einweihung bildet, zu vermitteln.«[19]

Die Dinge sind keine Symbole anderer Dinge, sondern grundlegend die Symbole ihrer selbst, sie verweisen nicht auf eine andere

Buddha Shakyamuni mit seinen Schülern
Shariputra und Maudgalyayana

Samantabhadra, der Ur-Buddha der Nyingma-Schule,
mit Gefährtin

Vajradhara, der Ur-Buddha der späteren Schulen,
mit Gefährtin

Vajrasattva, der Ur-Buddha aller Mandalas

Grüne Tara mit ihren einundzwanzig Emanationen

Vierarmiger Avalokiteshvara

Vajrayogini Mandala

Padmasambhava

Realität. Das Feuer verweist nicht auf die Leidenschaft als eine andere Realität, die es auf diese Weise manifestiert.

Die tantrische Praxis hat das Ziel, die Symbole auf die Ebene einer tatsächlichen Präsenz zu erheben. Die Praktiken der Visualisation und Kontemplation sind Mittel, mit der lebendigen Komplexität des Symbols in Verbindung zu treten, die gleichzeitig den Intellekt, die Gefühle und den Körper ansprechen kann.

Nach Auffassung von René Guénon ist es »die Essenz der Einweihungssymbolik, dass sie nicht auf eine mehr oder weniger direkte systematische Formel reduziert werden kann wie in der weltlichen Philosophie. Die Aufgabe der Symbole ist vielmehr, als Stütze von Konzeptionen zu dienen, deren Ausweitungsgsmöglichkeiten unbegrenzt sind. Jeder Ausdruck ist in sich selbst nichts weiter als ein Symbol, daher muss immer der Aspekt des Unerklärlichen, der den höchsten Stellenwert hat, einbezogen werden«.[20] In diesem Sinn ist die Symbolik allgemein der Schlüssel der Lehrmethoden und der traditionellen Praxis. Sie ist keine abstrakte Realität, wie wir zu denken geneigt sind, sondern im Gegenteil das vollkommene Element der Realität.

Schutzgottheiten und lokale Gottheiten

Dharmapala und Mahakala

Die *dharmapala* (tib. *tchö kyong*) sind eine andere Klasse von Gottheiten. Sie sind häufig Emanationen des zornvollen Aspektes der Buddhas oder waren dämonische Gottheiten, die von Guru Rinpoche gezähmt wurden und ihm gegenüber das Gelübde ablegten, die buddhistische Tradition und ihre Institutionen zu schützen und die Integrität ihrer Lehren zu bewahren.

Man unterscheidet bei den Dharmapalas zwischen denen, die dem Kreislauf der sechs Daseinsbereiche unterworfen sind, und hochrangigen Gottheiten (Dharmapalas der Weisheit) jenseits dieses Kreislaufes.

Die beiden Hauptkategorien der Dharmapalas sind einerseits die (männlichen) *mahakala* und (weiblichen) *mahakali* sowie andererseits die lokalen Gottheiten. Der Großteil der Dharmapalas ist zornvoll und trägt die Ornamente und Attribute der Herukas.

Die Körperfarbe der Mahakalas (tib. *gönpo nagpo*) ist meistens Schwarz oder eine andere dunkle Farbe, wie die Bezeichnung (*maha* bedeutet *groß*, *kala/kali* steht für *schwarz*) bereits andeutet.

Ihre Aufgabe ist, die Integrität der Lehre zu beschützen und die Wiederherstellung der aus dem Gleichgewicht geratenen Energien zu unterstützen. Die Dharmapalas sind reale Kräfte, ein Aspekt der erleuchteten Übertragungslinie und die Verkörperung der Aktivität der Verwandlung. Die Sichtweise der Dharmapalas der Weisheit ist daher äußerst hoch entwickelt. Sie besagt, dass aufgrund der siegreichen Reinheit der wahren Natur alles transformiert und alle Negativität überwunden werden. Die Offenheit kann sich eigenständig öffnen, die destruktive Neigung kann sich eigenständig zerstören. Der große tibetische Yogi Milarepa, der seine Verwirklichung unerschütterlich gefestigt hatte, drückte es nach einer Konfrontation mit den aggressiven Kräften der Göttin Tseringma so aus: »Heute war ich Zeuge, wie alle Dämonen und negativen Kräfte zu Schützern des Dharma wurden.« Es gibt zahlreiche Formen der Mahakalas.

Der Vierarmige Mahakala der
Gelugpa-Schule

Dieser Mahakala ist ein zornvoller Aspekt des Bodhisattva Avalokiteshvara, der Dharmapala, der insbesondere von einer reinen Lebensführung der Praktizierenden befriedet wird. Der Dalai Lama erläutert anhand einer Geschichte seine Verbindung mit den Maha-

चतुर्भुज महाकाल अर्बोद्धेसुगवलेप

Vierarmiger Mahakala

kalas. Diese verdeutlicht die enge Verflechtung der Gottheiten mit
ihren weltlichen Stützen, in diesem Fall den Krähen: Am Abend
nach der Geburt des ersten Dalai Lama drangen Einbrecher in das
Haus seiner Familie ein. Die Eltern flohen und ließen das Kind
zurück. Sie kehrten am nächsten Morgen in Sorge um ihren Sohn
zurück und fanden ihn unversehrt in einer Ecke des Hauses. Eine
Krähe hatte sich vor ihn gestellt und ihn beschützt. Später hatte der
erste Dalai Lama in einer Meditation einen direkten Kontakt mit
der Schutzgottheit Mahakala. Dieser sagte ihm: »Ein Halter der
Lehren Buddhas, wie du es bist, benötigt einen Schützer wie mich.
Bereits am Tage deiner Geburt habe ich dich beschützt.«

Der Sechsarmige Mahakala

Einer Legende zufolge ist auch der Sechsarmige Mahakala eine
Emanation von Avalokiteshvara. Dieser hatte eines Tages entmutigt
festgestellt, dass sich trotz seiner anhaltenden Aktivität die Zahl der
Wesen, die im Leiden gefangen sind, so gut wie nicht verringert
hatte. Mit dieser Mutlosigkeit brach er sein Gelübde, unermüdlich
zum Wohle aller Wesen tätig zu sein, und sein Körper zerfiel in
viele Stücke. Buddha Amitabha setzte seinen Körper wieder zusammen und gab ihm tausend Arme und elf Köpfe, damit er seine
unermesslich große Aufgabe besser bewältigen könne.

Avalokiteshvara aber blieb weiterhin beunruhigt und fragte sich,
wie er seine Aufgabe, unaufhörlich für die Befreiung der Wesen zu
arbeiten, verwirklichen könne. Es beschloss, eine zornvolle, spontane und mächtige Form anzunehmen. Er strahlte die Silbe HUM
von schwarzblauer Farbe aus, die sich in den Sechsarmigen Mahakala verwandelte.

Tanzend inmitten eines Flammenkreises, bekleidet mit einer
Elefantenhaut und einem Tigerfell, geschmückt mit Beisetzungs-
ornamenten als Symbol des Todes und der Egozentrik, schwingt

84

diese Gottheit mit rollenden großen Augen und entblößten Fangzähnen verschiedene Waffen und wacht Schrecken erregend über
die Sicherheit der Praktizierenden auf ihrem spirituellen Pfad.
Der vorrangige Aspekt der Mahakalas ist die Verwirklichung der
vier Handlungen der erleuchteten Aktivität. Diese sind erstens die
Beendung von Krankheiten, Kriegen oder dämonischen Einflüssen, zweitens die Vermehrung von Verdienst, Weisheit und Wohlstand, drittens die Magnetisierung der Kraft zur Realisierung und
Hervorbringung günstiger Umstände sowie viertens die Zerstörung äußerer (dämonischer), innerer (gesundheitlicher) und gehei-
mer (geistiger) Hindernisse.

Die weiblichen Mahakalas reiten im Allgemeinen auf einem
Pferd oder Esel und sind mit Fangschlingen und Pfeilen bewaffnet.
Sie sind bereit, alles zu zerstören, was die Achtsamkeit behindert.
Was wir im Westen als Mangel an Achtsamkeit bezeichnen, wird
in diesem Zusammenhang in der Gestalt von Wesen dargestellt, die
diesen Mangel an Geistespräsenz verkörpern.

Ausgehend von unserer westlichen Interpretation der Isoliert-
heit der menschlichen Person, verstehen wir diese Darstellung als
Befreiung von unserer Verantwortung. Damit verfallen wir jedoch
dem unmittelbaren Konzept von Erfahrung, das unserem isolierten
individuellen Bewusstsein entspricht.

Die Dharmapalas sind aber der direkte Ausdruck der Welt der
Erscheinungen. Das Einklemmen eines Fingers beim Schließen
einer Tür, das uns direkt in die Präsenz des Augenblickes katapul-
tiert, ist das Ergebnis der Aktivität des Mitgefühls der Dharmapalas,
auch wenn es sich in schmerzhafter Form manifestiert. Die Dharmapalas haben die Fähigkeit, diejenigen zu täuschen, die sich einer
Verbindung mit der absoluten Realität entziehen wollen. Nach
einer Erläuterung des Dalai Lama ist in seiner Tradition des
Kadampa »der höchste Dharmapala das Gesetz von Ursache und
Wirkung, denn dieses bestimmt unsere Zukunft und kann uns vor
Bösem schützen«.[21]

Lokapala

Die *lokapala* (lokale Schutzgottheiten) und *lokadeva* (lokale Gottheiten) sind ausschließlich Teil des Pantheons des tibetischen Buddhismus und haben dort einen hohen Stellenwert. Die Übersetzung »lokale Gottheiten« trifft nicht präzise ihre Bedeutung. Eigentlich müssten sie als weltliche Gottheiten bezeichnet werden, denn sie sind der direkte Ausdruck des weltlichen Lebens. Man kann daher Ganeshvara als eine weltliche Gottheit bezeichnen, während Amitabha oder Tara als das Prinzip der Erleuchtung und damit als Gottheiten »jenseits dieser Welt« (skt. *lokottara*) gelten.

Die Beziehung des Praktizierenden zu diesen weltlichen Gottheiten sollte sich darauf beschränken, sie um Schutz und Unterstützung zu bitten. Er sollte sie jedoch nicht als Objekte der Zuflucht oder Stützen auf dem spirituellen Pfad der Erleuchtung betrachten.

Die Wächter der vier Himmelsrichtungen

Die Wächter der vier Himmelsrichtungen entstammen dem indischen Pantheon. Sie verhindern das Eindringen negativer Geister in geheiligte Orte. Ihre Sanskritbezeichnung *Lokapala* ist eindeutig, denn sie weist sie als die Wächter der vier Richtungen aus. Sie sind Schutzgottheiten, die in der Welt leben. Ihnen wurde der Schutz des Dharma und insbesondere der Orte, an denen dieser gelehrt und praktiziert wird, anvertraut.

Ihr Wohnort ist der *ebene* Gipfel des Berges Meru, der entsprechend der traditionellen Kosmologie die Weltachse bildet. Vier Paläste sind, als Eingangspforten in den Bereich der Devas, in den Hauptrichtungen angeordnet. Von dort aus bewachen sie die Welt und beschützen das Dharma. Die Tibeter bezeichnen diese vier

Wächter auch als die vier großen Könige, da sie über die ihnen zugeordnete Himmelsrichtung herrschen. Darüber hinaus herrscht jeder dieser Könige über eine bestimmte Kategorie von Geistern.

Dhritarashtra,
der Schützer des Horizontes

Dhritarashtra (tib. Yul Khorsung) ist der Wächter des Ostens und der Herrscher über die Gandharva (tib. *drisa*). Diese sehr bekannten Halbgötter des brahmanischen Pantheons sind als Sänger und Musiker bei den Festen der Götter zugegen. Die Körperfarbe von Dhritarashtra ist Weiß, er hat neunundneunzig Söhne, die ebenfalls Schützer der buddhistischen Lehren sind.

Er sendet jeden Klang, den er hört, an seine Quelle zurück und verursacht tiefes Leid für den Erzeuger dieses Klanges. Damit er unschuldigen Wesen mit dieser Fähigkeit kein Leid zufügt, bedeckt er seine Ohren mit den Klappen seines Helmes und spielt zur Überdeckung aller anderen Klänge die Laute.

Virudhaka,
der Elefantenhäutige

Virudhaka (tib. Phag Kyepo) ist der Wächter des Südens und Herrscher über die Welt der Khumbhanda, gewalttätige Wesen, die im himmlischen Königreich des Begehrens wohnen. Seine Körperfarbe ist Blau und an Stelle des Helms, den die anderen Könige tragen, bedeckt ihn die Haut eines Elefanten, dessen Kopf sichtbar ist.

Da seine Berührung für alle Wesen gefährlich ist, hält er ein Schwert, damit sich ihm niemand nähert und sich durch eine Berührung mit ihm verletzt. Dhritarashtra und Virudhaka waren in ihren vorherigen Leben *naga*. Nachdem sie die Lehren des Buddha

Kashyapa gehört hatten, nahmen sie Zuflucht in das Dharma und legten das Gelübde ab, ihr Leben seinem Schutz zu widmen. Buddha Kashyapa zeigte ihnen einen Weg, durch den sie die Garuda, die Jagd auf sie machten, nicht mehr fürchten mussten. Die Frucht ihres Gelübdes war ihre Wiedergeburt als Wächterkönige.

Virupaksha,
der Böse Blick

Virupaksha (tib. Mig Midang) ist der Wächter des Westens und Herrscher über die Welt der Nagas. Seine Körperfarbe ist Rot-Orange. Da sein Blick giftig ist, konzentriert er ihn auf einen Stupa in seiner erhobenen linken Hand, damit niemand durch ihn Schaden nimmt.

Vaishravana,
der Alleshörende Sohn

Vaishravana (tib. Nam Those) ist der Wächter des Nordens. Seine gelbe Körperfarbe symbolisiert Reichtum, den auch sein im Norden des Gipfels des Berges Meru liegender Palast repräsentiert. Jede Seite dieses Palastes ist eingesäumt von 2500 Säulen aus Kristall, Rubin, Lapislazuli und Gold. Nach der hinduistischen Überlieferung praktizierte Vaishravana entsagungsvoll für 1000 Jahre. Als Anerkennung erhob ihn Brahma in den Rang der Götter, verlieh ihm Unsterblichkeit und ernannte ihn zum Wächter der Reichtümer der Erde mit der Aufgabe, diese an die für deren Erhalt vorgesehenen Wesen zu verteilen.

Über seiner linken Schulter findet sich eine Darstellung der Sonne und über seiner rechten Schulter eine Darstellung des Mondes. In der hinduistischen Mythologie, in der sein Ursprung liegt, ist Vaishravana der Sohn eines Gelehrten und einer weiblichen, Menschenfleisch fressenden Dämonin der Klasse der Yakshasa, die eine Art Naturgeister und Halbgötter sind.

In einem früheren Leben waren Virupaksha und Vaishravana zwei Garudas, die sich ihrer Tradition entsprechend in einem ständigen Kampf mit den Nagas befanden. Eines Tages griffen sie, wie es ihre Gewohnheit war, zwei Nagas an, konnten diese aber nicht besiegen. Erstaunt über ihr Scheitern, fragten sie die Nagas nach dem Grund ihrer Unbesiegbarkeit. Die Nagas antworteten, Buddha Kashyapa habe ihnen diese Kraft übertragen. Nachdem die beiden Garudas ebenfalls die Lehren Kashyapas gehört hatten, nahmen sie Zuflucht in das Dharma. Sie verbanden sich untrennbar mit den beiden Nagas und wünschten ihrerseits ebenfalls, Schützer des Dharma zu werden.

Vaishravana nahm eine Prinzessin der Nagas zur Ehefrau und die Yakshasas ernannten ihn zu ihrem König. Er übernahm die Aufgabe des Kriegers und verteidigte insbesondere die Götter (Devas) gegen die Eifersüchtigen Götter (Asuras). In einer Schlacht nahm er die Gestalt einer Schlange an, deren giftiger Atem die Asuras besiegte. Der Überlieferung nach hält er seit diesem Tag seinen Mund immer fest verschlossen, damit sich niemand vergiftet, der sich ihm nähert.

Diese vier Wächterkönige haben nach Auffassung der Tibeter eine große Bedeutung in den verschiedenen Episoden des Lebens Buddhas. Sie besuchten ihn, als dieser noch im Himmel Tushita verweilte. Später begleiteten sie seine Mutter Maya als Helfer in den Park von Lumbini, in dem sie Buddha gebar, und empfingen das Kind auf einem Tigerfell. Nachdem Prinz Gautama dem Leben im Palast für ein Leben als wandernder Asket entsagt hatte, halfen sie ihm bei der Flucht aus dem Palast, dessen Tore schwer verschlossen und bewacht waren.

Am Ende einer langen Zeit des Fastens und der Meditation, die seiner Erleuchtung folgte, erhielt Shakyamuni von jedem der vier

Wächterkönige eine Schale mit Nahrungsmitteln. In der Überlieferung heißt es, der Buddha habe, um keinen der Geber zu belei-
digen, alle vier Schalen angenommen, sie in seiner linken Hand
übereinander gestapelt und in eine einzige Schale verwandelt.

Der Großteil der weltlichen Gottheiten entstammt nicht dem
indischen Pantheon und ist nach tibetischer Art gekleidet, häufig
in Rüstung und mit mongolischen Stiefeln. Sie tragen die Zeichen der ursprünglichen tibetischen Religion, das heißt Spiegel,
Fangschlingen, Lanzen und magische Knoten. Ihre Gestalt ist von
Schrecken erregender Eigenart und erinnert an den Stil Zentral-
asiens. Einige von ihnen sind Verkörperungen bedeutender Orte
wie Flüsse, Gebirge und bestimmter Ebenen, andere sind gefährlich
für die Menschen und können sie vergiften. Wiederum andere
haben die Gestalt von für Tibet typischen Tieren wie dem Yak.

Der Lama, die Quelle allen Segens

Das höchste und vorrangige Objekt der Zuflucht im Tantra ist der
Meister. Er ist der hervorstechendste Aspekt des gesamten Pantheons des Vajrayana. Der Stellenwert des Meisters ist höher als der
aller Götter und Gottheiten, da nur er uns zu diesen führen kann.
Der Dalai Lama erklärt in diesem Zusammenhang:»Obwohl die
Meditationsgottheiten eine außergewöhnliche Kraft und die Buddhas große Qualitäten besitzen, können wir diese nicht wahrnehmen und sind diese für uns nicht direkt zugänglich. Aber alle Übertragungen der tiefgründigen und weiten Praktiken wurden uns in
ihrer Gesamtheit und über eine seit dem Buddha nicht unterbro-
chene Linie von unseren Lehrern gegeben.«[22]

Der Erleuchtungsgeist ist in uns allen vorhanden. Wir sind prak-
tisch erleuchtet, aber ohne das Zusammentreffen mit einem Meister, dem Halter der Weisheit und des Segens der Übertragungslinie,
wird sich diese Essenz der Buddhaschaft niemals entfalten. Bud-

dha Shakyamuni hat diese Welt vor mehr als zweitausend Jahren verlassen, während andere Buddhas, wie Amitabha und Vajrasattva, in ihren jeweiligen Reinen Ländern verweilen. Sie haben die Erleuchtung vollkommen verwirklicht, aber die fühlenden Wesen, deren Geist weiterhin in Dunkelheit versunken ist, können sie nicht persönlich treffen und ihre kostbaren Lehren hören. Daher hat der Lama eine zentrale Stellung, denn er ist ein lebender Mensch, zu dem man sprechen kann. Er kann direkt mit seinen Schülern arbeiten, denn seine Gegenwart ist keine Abstraktion, die sich nach den Wünschen und Projektionen des Schülers modellieren lässt. Der Lama nimmt im tibetischen Buddhismus die zentrale Stellung ein, weil in ihm das geboren wird, was wir im Westen als Religion bezeichnen.

Was bedeutet der Begriff Religion? Religion kommt aus dem Lateinischen und bedeutet, so schrieb Hannah Arendt, »re-ligare‹, Zurückgebunden- und Verpflichtetsein der ungeheuren, nahezu übermenschlichen und daher immer schon legendären Anstrengung, die Grundlage zu schaffen, die Fundamente zu legen, für alle Ewigkeit zu gründen«.[23] Dieser Bezug auf die Vergangenheit bildet das Fundament, auf das sich die Republik (lat. *res publica*) stützen kann. Die römische Religion ist in ihrem Aspekt der Absegnung von Obrigkeiten die politische Gründung einer Gemeinschaft. Die religiösen und politischen Aktivitäten sind bei den Römern miteinander verbunden, die politische Sanktionierung hat ein religiöses Fundament.

Die katholische Kirche übernahm dieses Konzept der Religion. »Vor diese sehr reale und unabweisbare Aufgabe gestellt, wurde die Kirche so römisch, glich sich so sehr der zutiefst römischen Denkweise in Sachen der Politik an, daß sie die Auferstehung Christi zu dem Eckstein einer neuen Gründung machte, auf deren wiederum heiligem Fundament sich eine neue menschliche Institution von ungeheurer Dauerhaftigkeit gründete.«[24] Die Gründung der katholischen Kirche wiederholt in diesem Sinne die Gründung der Stadt Rom.

Der Kern einer solchen Annäherung an das Göttliche ist das Priestertum, das heißt die Gewissenhaftigkeit, mit der die Zeichen der Göttlichkeit richtig zu lesen sind. Die Beziehung der Griechen zu ihren Göttern unterscheidet sich erheblich. Die Priester der griechischen Antike bildeten keine Institution. Sophokles wurde zum Priester ernannt, weil er der größte Tragöde war. Wir befinden uns hier in einer vollkommen anderen Welt! Die allgegenwärtigen Götter sind die Erscheinung dessen, was sich allgegenwärtig manifestiert. In der homerischen Welt geht die Gegenwart der Götter sogar so weit, dass man vorsichtig sein muss, nicht jedes Lebewesen als göttlich zu betrachten. Ein Grieche traf eines Tages einen schönen jungen Mann und fragte ihn, ob er ein Mensch oder ein Gott sei. Besser lässt sich die manifeste Gegenwart der antiken griechischen Götter nicht beschreiben. Die Griechen pflegten keine abstrakte, sondern eine auf Erfahrung beruhende Beziehung zu ihren Göttern. Heraklit schrieb im *Fragment 119*: »Der Mensch lebt, sofern er Mensch ist, in der Nähe Gottes.«

Im tibetischen Buddhismus unterscheidet sich die Beziehung zu Göttern und Gottheiten erheblich von der römischen und griechischen Antike sowie von der römisch-katholischen Kirche. Wir fragen uns häufig, ob der Buddhismus eine Philosophie oder eine Religion sei. Diese Frage führt aber in die Irre, wenn wir nicht verstehen, dass der Stellenwert und das Verständnis der Götter dort vollkommen von der westlich geprägten Sichtweise unterschieden ist.

Das größte Paradoxon für das Erfassen des dem Mahayana-Buddhismus innewohnenden Phänomens ist die zentrale Stellung des Lehrers, der allen Gottheiten und selbst Buddha übergeordnet ist. Es ist der Lama, der Guru, der dem Schüler die Lehren zugänglich macht, er führt den Praktizierenden in das wahre Wesen der Wirklichkeit und der Gottheiten ein. Der Meister vollzieht die Einweihung, die einer Begegnung mit der Gottheit gleichkommt. Er kann diese Übertragung der Kraft nur vollziehen, da er sie selbst von seinem Meister empfangen und die Gottheit persönlich und direkt erfahren hat. Er ist der Schützer der Überlieferung. Nicht er ist von Bedeutung, sondern das, was er schützt. Er hat die Einweihung in die Kraft der Gottheit erhalten, in ihrer Vollkommenheit erfahren und in die Praxis umgesetzt, daher ist er befähigt, diese seinerseits zu übertragen. Es gibt keine Gottheit, die sich ihrem Wesen nach vom Lama unterscheiden würde.

Wie die Wesen, unterscheiden sich auch die Meister. Sie alle lehren jeweils auf der Grundlage ihrer persönlichen Erfahrungen. Das Studium bei einem Meister bedeutet, seine Erfahrung zu teilen und zu lernen, die Welt mit seinen Augen zu sehen.

Die größte Herausforderung der buddhistischen Sicht auf die Götter ist die Feststellung, dass jeder Mensch die Fähigkeit besitzt, einem Gott gleichzukommen. Diese Sichtweise bildet die Grundlage für die zentrale Stellung des Lama. Es besteht kein Unterschied zwischen der Essenz der menschlichen und göttlichen Existenz. Durch die Praxis der Meditation ist es möglich, sich aus dem Kreislauf der Existenzen zu befreien, dem auch die gewöhnlichen Götter unterworfen sind.

Dilgo Khyentse, ein herausragender Meister des 20. Jahrhunderts, erläutert das Ausmaß der Beziehung zwischen Schüler und Meister folgendermaßen:»Der Meister ist das große Schiff, das die Wesen über den gefährlichen Ozean der Existenz trägt, er ist der unfehlbare Kapitän, der seine Passagiere in das Land der Befreiung führt, er ist der Regen, der das Feuer der Leidenschaft löscht. Gleich den Strahlen der Sonne und des Mondes durchbricht er die Dunkelheit der Unwissenheit, er ist der feste Boden, der gleichzeitig Gut und Böse tragen kann.«[25]

Diese Aussage verdeutlicht die der Lehrer-Schüler-Beziehung innewohnenden Gefühle, die unser gesamtes Dasein einbeziehen und sich an die Gesamtheit unseres Wesens richten. Die Gottheit erscheint im Licht des Lama, selbst ihr Gesicht nimmt manchmal die Gesichtszüge des Meisters an, und geleitet den Praktizierenden zu ihrer untrennbaren Einheit.

Im Gegensatz zu einer im Westen häufig vertretenen Meinung ist die Beziehung zum Meister weit davon entfernt, von blinder Unterwerfung geprägt zu sein. Der Begriff »Guru« bezeichnet nach einer im Westen allgemein verbreiteten Auffassung einen gefährlichen Diktator, dem die Schüler ihre Freiheit opfern. Das Gegenteil ist jedoch der Fall, denn nach der buddhistischen Überlieferung ist es die Hingabe zum Meister, die uns eine Klarheit vermittelt, an der sich alle Aktivitäten messen lassen. Die vom Meister verkörperte Freiheit ist die Befreiung von allen Konditionierungen und Befangenheiten.

Der äußere Meister hat im Grunde die alleinige Aufgabe, uns den Meister in unserem Inneren aufzuzeigen. Wie Plato bereits formulierte, ist alles, was der Mensch lernt, bereits in ihm vorhanden. Der wahrhaftige Guru befindet sich nach René Guénon »im Inneren des Menschen und nicht in der Außenwelt, auch wenn eine äußere Hilfe anfangs zur Vorbereitung des Menschen nützlich sein kann, in sich und durch sich selbst zu finden, was er nirgendwo anders finden kann, insbesondere das, was die Ebene des rationalen Bewusstseins übersteigt.«[26]

Der Meister verweist uns auf diese Weise immer tiefer auf uns selbst. Nichts wäre absurder, als den Meister imitieren und eine Kopie von ihm werden zu wollen. Es gibt keinen bereits vorgezeichneten Weg. Wir müssen diesen Weg gleichzeitig mit einer immer mehr von Aufrichtigkeit geprägten Annäherung an uns selbst gestalten.

Der Sanskritbegriff Guru bezeichnet wörtlich eine Person, die »in sich selbst ein Gewicht hat«. Der tibetische Begriff Lama setzt sich zusammen aus den Silben *la* (das Kostbarste) und *ma* (Mutter). Wie bei einer Mutter, deren Natur von Liebe und Mitgefühl für ihre Kinder geprägt ist und die mit Liebe und Mitgefühl über ihr Wohlergehen wacht, ist die Aktivität des Meisters von Liebe und Mitgefühl für alle Wesen geprägt und auf deren Wohlergehen ausgerichtet. In diesem Sinn ist der Weg des Praktizierenden der Weg der Hingabe.

Was aber ist Hingabe? Sie ist das Herz des spirituellen Pfades des Vajrayana. Sie entsteht aus der Erkenntnis, dass die Freiheit des Geistes in uns vorhanden ist. Nichts verbirgt sich hinter ihr, und es gibt nichts, das wir entbehren. Die Hingabe ist das Gefühl, dieses Vorhandensein der vollkommenen Präsenz des Meisters erfahren zu haben. Der Meister ist der Beweis, dass diese grundlegende Offenheit keine Fabel ist und diese Erkenntnis kultiviert werden kann. Er inspiriert uns dazu, immer intensiver auf unsere eigene Quelle zurückzugreifen.

In diesem Sinn ist Hingabe die letztendliche Botschaft des Buddhismus. Es gibt keinen schnelleren und direkteren Weg zur Befreiung. Ohne Hingabe ist es unmöglich, über die Entwicklung der achtsamen Geistespräsenz (*Shamatha, Vipashyana*) hinauszugehen. Die Lehren des Vajrayana unterstreichen die Tatsache, dass die Präsenz erheblich weiträumiger und tiefgründiger ist als einfache Achtsamkeit, denn sie ist die lebendige Vereinigung von Leerheit und Klarheit, einer erhöhten und fast abrupten Einsicht und Klarheit, in die uns einzig der Meister einführen kann.

Stirbt der Meister, erlischt seine Präsenz nicht. Nur der relative Guru verlässt diese Erde, aber was er uns gezeigt und gelehrt hat, bleibt in strahlender Präsenz bestehen. Nach Aussagen von Praktizierenden, die das Ableben ihres Meisters erfahren haben, scheint dessen Präsenz noch intensiver zu werden, nachdem er nicht mehr an einen Körper gebunden ist.

Abschließend sei noch erwähnt, dass die Beziehung zu einem Meister oder einer Meisterin in keiner Weise ein ständiges Zusammensein impliziert, wie im Westen häufig angenommen wird. Der Meister ist kein Babysitter, auch wenn er mit allen Aspekten

95

des Lebens seines Schülers in Verbindung treten kann. Gampopa (1079–1153), einer der größten Meister seiner Zeit, traf seinen Lehrer Milarepa (1052–1135) nur für kurze Augenblicke und insgesamt für höchstens einige Monate.

3
Die Mythologie der Seidenstraße

Die Unterschiede zwischen Buddhas, Bodhisattvas, Yidams und Schutzgottheiten wurden in den vorigen Kapiteln bereits beschrieben. Nun wenden wir uns den Devas und den Mythen Tibets zu.

Devas und Asuras

Die Devas (tib. *lha*) entstammen dem Pantheon der indischen Kosmologie. Die frühen Buddhisten betrachteten sie als Gottheiten, an die man sich mit der Bitte um gute Ernten oder Heilung von Krankheiten wendet, jedoch nicht als Zufluchtsobjekte.

Die brahmanischen Gottheiten wurden somit nicht abgelehnt, man sah in ihnen vielmehr eine Kategorie von untergeordneten Gottheiten im Dienste des Dharma. Diese Gottheiten, wie der vedische Kriegergott Indra, der Schöpfergott Brahma oder der Feuergott Agni, wurden vom Buddha in den Dienst seiner Lehren gestellt und wohnten ihrer Darlegung mit großer Hingabe bei. Diszipliniert und an Gelübde (skt. *samaya*, tib. *damtsig*) gebunden, ordneten sich diese weltlichen Gottheiten den Lehren Buddhas unter. In der Ikonographie nehmen sie einen Sitz direkt unterhalb der Bodhisattvas ein.

Die Präsenz indischer Götter im buddhistischen Pantheon hat bei Fachleuten die Frage nach der Verbindung zwischen Buddhismus und Hinduismus aufgeworfen. Einige sind der Auffassung, der Buddhismus habe diese Gottheiten nicht integriert, sondern es verbinde ihn über sie eine gemeinsame Wurzel mit dem Hinduismus. Das ist nicht der Fall, denn diese Gottheiten besitzen zwar im Buddhismus ebenso wie im Hinduismus ihre Daseinsberechtigung, aber trotz ihrer identischen Namen und ikonographischen Darstellungen haben sie in der buddhistischen Kosmologie eine andere Funktion als im Hinduismus.

Nach der buddhistischen Auffassung von der Natur der Wirklichkeit sind die Devas kontingente Manifestationen. Die Gesamtheit der Welt ist das Feld der befreienden Aktivitäten des Buddha und der Bodhisattvas und die indischen Gottheiten sind ein integraler Bestandteil dieser Gesamtperspektive.

Der Buddhismus unterteilt die Welt in sechs Daseinsbereiche, in denen sechs Arten von Wesen leben. Diese Daseinsbereiche sind die Welten der Höllen, der Hungergeister, der Tiere, der Menschen, der Eifersüchtigen Götter und der Götter. Die Devas bilden die höchste Klasse dieser Wesen.

Der Sanskritbegriff *deva* geht auf das indo-europäische *dei* (strahlen) zurück, er ist also verwandt mit dem lateinischen *deus* und dem Namen des griechischen Göttervaters Zeus. Die Bedeutung der Devas unterscheidet sich allerdings grundlegend von der der europäischen Götter, weshalb ihr Name irreführend ist. In der buddhistischen Kosmologie sind es nicht sie, die strahlen, sondern die Buddhas, Bodhisattvas und Yidams, die wie die Sonne strahlen, da sie nicht dem Kreislauf der Existenzen unterworfen sind und keinem dieser sechs Daseinsbereiche angehören. Die Devas sind weder ewig noch unsterblich wie die Götter anderer Religionen, sondern dem Gesetz der karmischen Reifung unterworfen, das auch über ihren Daseinsbereich herrscht.

Die Haupteigenschaft der Devas ist die Sorglosigkeit, mit der sie die Freude und Perfektion ihres Königreiches genießen. Diese Sorglosigkeit hindert sie an einer Hinwendung zum Dharma. Sie genießen zwar Freuden, die unsere weit übersteigen, und ihre Lebenszeit ist bedeutend länger als die des Menschen, aber sie bleiben sterblich und können, wenn sich ihr positives Karma erschöpft hat, auch in niederen Daseinsbereichen wiedergeboren werden. Das Dharma lehrt vor allem die Gesetzmäßigkeit der Vergänglichkeit, der alle Wesen unterworfen sind. Daher werden die Devas nach einem langen glücklichen Leben, wenn sie ihre früheren Verdienste erschöpft und keine neuen angesammelt haben, zurück in die Höllenwelten fallen und den Kreislauf der sechs Daseinsbereiche erneut vollständig durchlaufen. Der Reichtum, der sie umgibt, macht sie blind, sie haben keine Möglichkeit, sich von ihrer Unwissenheit zu befreien.

Die Menschen befinden sich in einer besseren Situation, denn ihr Daseinsbereich bietet die besten Voraussetzungen, sich aus Samsara, dem Kreislauf der Existenzen, zu befreien. Sie erfahren genügend Leiden, können sich daher der Dimension der Wahrheit öffnen und bleiben nicht der eindimensionalen Blindheit materieller und spiritueller Freuden verhaftet. Darüber hinaus erfahren die Menschen auch genügend Wohlbefinden, das ihnen den Raum für das Betreten des Pfades der Befreiung öffnet.

Das Ziel der hinduistischen Meditationspraxis ist die Wiedergeburt in einer höheren Klasse und letztendlich in der höchsten Klasse der Devas. Drei Praktiken sollen die Verwirklichung dieses Zieles unterstützen. Diese sind die Praxis der Freigebigkeit und Opferung, des Asketentums und der meditativen Konzentration.

Der Buddha hat in seinen Lehren aufgezeigt, dass diese Praktiken nicht zur Erleuchtung führen. Die Verwirklichung einer Ebene der Konzentration ermöglicht lediglich die Verwirklichung der Ebene eines Deva. Der buddhistische Yogi praktiziert Meditation nicht ausschließlich zur Beruhigung des Geistes, sondern auch zur Entwicklung von Prajna, der klaren Einsicht.

Die Devas leben entsprechend dem Grad ihrer spirituellen Verwirklichung in drei Königreichen. Das erste ist das Königreich des

Sinnlichen Verlangens von Indra oder Vishnu (skt. *kamaloka*), das in fünf weitere Königreiche unterteilt ist. Das zweite ist das Königreich der Reinen Form (skt. *rupaloka*), in dem die Devas keinem sinnlichen Verlangen mehr unterliegen, aber weiterhin einen Formkörper der reinen Freude besitzen. Das dritte ist das Königreich der Nichtform (skt. *arupaloka*), in dem die Devas ohne körperliche Form in tiefer geistiger Versenkung verweilen. Einige der bedeutendsten Devas seien hier kurz vorgestellt.

Brahma und Indra

Die hinduistischen Götter wurden auf unterschiedliche Weise zu Anhängern des Buddhismus. Brahma und Indra wurden bereits Schüler des Buddha, als dieser noch vor seiner vollkommenen Erleuchtung im Reinen Land von Tushita die Götter und Bodhisattvas belehrte. Sie haben neben anderen Gottheiten durch ihre göttliche Unterstützung einen großen Anteil daran, dass der Buddha seine Aufgabe auf der Erde erfolgreich vollenden konnte.

Brahma ist der Schöpfergott und der erste der drei Hauptgötter des Hinduismus (Brahma, Shiva, Vishnu). Er wird häufig als Krieger in einer chinesischen Rüstung und in Begleitung von Indra dargestellt. Er gilt als Oberhaupt des dreiunddreißigsten und letzten Palastes der Götter. Indra ist der König der Götter, der Gott des Regens und in seiner Eigenschaft als Kriegsgott auch der Schützer des Universums.

Shiva

Andere hinduistische Götter wie Shiva standen Buddha zunächst feindlich gegenüber. In der hinduistischen Strömung, die im Westen als Shivaismus bezeichnet wird, ist Shiva der oberste Gott. Da

Brahma

das Höchste Selbst (skt. *atman*) im Hinduismus das oberste Prinzip der Wahrheit ist, wird Shiva von seinen Anhängern als allen Göttern übergeordnet verehrt. Im Gegensatz hierzu verkörpert Shiva im Buddhismus, der im Festhalten an der Vorstellung eines Selbst den Ursprung allen Leidens sieht, die Macht des Ich. Die Tibeter kennen ihn in der zornvollen Manifestation des Rudra (der Brüllende), der in vielen Darstellungen als Personifizierung des Ich in Gestalt eines Leichnams dargestellt wird. Die auf dem Leichnam tanzenden Gottheiten symbolisieren in ihrem zornvollen Aspekt die Überwindung des Ich und die Verwirklichung der Ichlosigkeit.

In anderen Legenden trat Shiva zum Buddhismus über. Dort wird in mehreren Episoden dargestellt, wie Vajrasattva, die Essenz aller tantrischen Buddhas, Shiva zähmte und ihn zu einem Anhänger des Dharma machte.

Agni

Der Feuergott Agni (auch Melha genannt), dessen Name ethymologisch mit dem lateinischen *ignis* verwandt ist, wurde als eine weitere hinduistische Gottheit in den tibetischen Buddhismus integriert. Er ist ein sehr gutes Beispiel für die Kontinuität der kosmologischen Systeme der asiatischen Religionen. Auch wenn es eventuell bereits im vorbuddhistischen Pantheon der Tibeter eine ähnliche Gottheit gab, wurde diese später direkt mit dem indischen Gott Agni identifiziert.

Die Geschichte von Agni beginnt mit den indischen Veden, den ältesten spirituellen Schriften Asiens. Das Feuer wird in den Veden als der Botschafter betrachtet, der den Göttern im Himmel das Rauchopfer überbringt. Agni erfüllt den Raum mit seinen Flammen und manifestiert sich unvermittelt in Form eines Funkens, der mit einem brennbaren Material in Kontakt tritt.

Ein zentrales Ritual der vedischen Religion ist das Feueropfer, in dem die Flammen des Feuers als die Manifestation des Körpers von Agni betrachtet werden. Den Flammen werden reichhaltige Opfergaben übergeben, die Agni in Form von Rauch an alle Götter weitergibt. Nach Abschluss des Rituals überbringt Agni, der Botschafter, den Ausführenden dieses Opfers den Segen der Götter.

Das Feueropfer wird in allen buddhistischen Schulen des Mahayana, des japanischen Zen und des tibetischen Vajrayana durchgeführt. Die Buddhisten verleugnen nicht den hinduistischen Ursprung dieser Praxis und opfern Agni wie einer weltlichen Gottheit. Im tibetischen Buddhismus ist der erste Teil der Opfergaben Agni gewidmet, damit dieser wohlwollend gestimmt wird und den Ort des Rituals für das Errichten des Mandala des Yidam, dem das anschließende Opfer gewidmet ist, überlässt. Nachdem diesem Yidam der Hauptteil der Opfergaben dargebracht wurde und dieser das Mandala wieder verlassen hat, werden Agni die Überreste der Opfergaben gewidmet.

Die Asuras

Die Asuras (tib. *lhamayin*) sind die Gegengötter, die »Dämonen« der vedischen und brahmanischen Mythologie. Sie sind die Feinde und Rivalen der Devas und getrieben von heftiger Eifersucht. Sie haben große Macht und sind geschickte Magier. Man hat sie häufig mit den Titanen der griechischen Mythologie verglichen, aber der Konflikt, in dem die Asuras mit den Devas stehen, gründet auf ihrem eigentlichen Charakter. Die Titanen wurden von Zeus und den Olympiern in einer Entscheidungsschlacht um die Weltherrschaft endgültig besiegt, in den Tartarus geworfen und werden dort streng bewacht. Die Olympier haben also eine neue Weltordnung erschaffen, während die Asuras mit derselben Intensität der anderen Wesen existieren und ihr Kampf niemals ein Ende findet. Alle

Wesen der sechs Daseinsbereiche charakterisieren sich durch einen bestimmten geistigen Konflikt (skt. *klesha*); in diesem Zusammenhang sind die Asuras der Eifersucht und die Devas der Unwissenheit zugeordnet.

Halbgötter und Dämonen

Neben den Gottheiten der höchsten Klasse umfasst das Pantheon des tibetischen Buddhismus auch zahlreiche Halbgötter und Dämonen.

Die Rakshasas

Die in allen indischen und tibetischen Legenden gegenwärtigen Rakshasas (tib. *sinpo*) sind dämonenartige Wesen ähnlich den Vampiren, die jede beliebige Form annehmen können. Sie personifizieren in ihrer Beziehung zu den Göttern und Menschen die verwerflichsten Leidenschaften wie Gier, Maßlosigkeit, Gewalttätigkeit und Verlogenheit. Sie leben häufig auf Friedhöfen und lieben es, Menschen zu quälen und zu verschlingen. Sie haben enorme nach oben und unten gerichtete Fangzähne, kleiden sich in der Haut der von ihnen getöteten Menschen und fertigen aus ihren Knochen Schmuckstücke an, mit denen sie sich gerne zieren.

Die Rakshasas leben auf dem mythischen Kontinent Camara (tib. Sangdopaldri), wo auch Padmasambhava verweilt. Diese Wesensform erhielt in der Ikonographie des tantrischen Buddhismus einen hohen Stellenwert, da die Mahakalas eine Form von Rakshasas sind, die von Padmasambhava unterworfen und zu Schützern des Dharma wurden.

Garuda

Garuda

Der mythische Vogel Garuda (tib. *khyung* oder *namkhading*), ein himmlischer Raubvogel, entstammt dem brahmanischen Pantheon. Er wird spontan und bereits vollständig entwickelt aus einem Ei geboren. Der Garuda, im Hinduismus das Reittier des Gottes Vishnu, ist ein Todfeind der Nagas (tib. *lu*), die er tötet und verschlingt. Er wurde als ein Schützer des Dharma in den tibetischen Buddhismus integriert. Nur Nagas, die im Besitz einer buddhistischen Reliquie sind oder Zuflucht zur buddhistischen Lehre genommen haben, können ihm entkommen.

Die tibetische Mythologie

Die tibetische Mythologie umfasst neben den beschriebenen Gottheiten noch zahlreiche lokale Gottheiten aus vorbuddhistischer Zeit. Diese haben eine große Ähnlichkeit mit den Gottheiten der sibirischen Schamanen und der amerikanischen Indianer. Wie diese leben sie an speziellen Orten, die sie beschützen.

Wie zahlreiche andere Völker betrachteten die vorbuddhistischen Tibeter die Naturelemente – Bäume, Felsen und Seen – als die Manifestation mächtiger Naturgeister mit der Fähigkeit, den Menschen zu zerstören. Diese Gottheiten sind in den Darstellungen riesenhafte, grausame und gefährliche Wesen in menschlicher Form mit riesigen Fangzähnen, einer heraushängenden Zunge und sehr langen Armen. Sie trinken Blut und ernähren sich vom Fleisch aller lebenden Wesen. In vorbuddhistischer Zeit wurden ihnen Tiere und sogar Menschen geopfert. Darüber hinaus gibt es Gottheiten für die verschiedenen menschlichen Aktivitäten wie den Gott der Küche oder der Goldschmiedekunst. Diese haben keine besondere Geschichte.

Nach Ansicht der tibetischen Medizin sind Menschen, deren Geist noch keine Klarheit und Weisheit entwickelt hat, Einflüssen der Umwelt ausgesetzt, die sie als Dämonen wahrnehmen. Einige dieser Gottheiten wurden in den buddhistischen Pantheon integriert, nachdem ihr gewalttätiger Charakter gezähmt wurde. Die Integration lokaler Gottheiten ist kein rein tibetisches Phänomen, wie die daoistischen Gottheiten Chinas zeigen.

Guru Rinpoche und Gesar von Ling sind zwei besondere Gestalten der tibetischen Mythologie. Sie erhellen einen wesentlichen Aspekt der Zähmung und die Besonderheit der tibetischen Gottheiten.

Padmasambhava

Padmasambhava, der in Tibet Guru Rinpoche (Kostbarer Lehrer) genannt wird, ist eine der herausragenden Persönlichkeiten des tibetischen Buddhismus, insbesondere in der Schule der Nyingmapa, wo er als Begründer des tantrischen Buddhismus Tibets und als ein zweiter Buddha gilt.

Wundersame Geburt

Nach dem *Sutra des vollendeten Nirvana* und anderen Prophezeiungen legte Buddha Shakyamuni kurz vor seinem Ableben das Gelübde ab, in wundersamer Form auf die Erde zurückzukehren und das Tantra zu lehren, denn seine Manifestation in einem menschlichen Körper hatte es ihm nicht ermöglicht, die Lehren des Tantra in all ihren geheimen Aspekten darzulegen.

Diese prophezeite Wiedergeburt war Padmasambhava, der dem Herzen des Buddha Amitabha entsprang und sich auf wundersame Weise als ein achtjähriges Kind auf einem Lotos sitzend auf dem

Danakosha-See in Uddiyana manifestierte. Dieses Land befindet sich nach Ansicht einiger Experten im heutigen Swat-Tal im Norden von Pakistan, aber es handelt sich auch um einen mythischen, spirituellen Ort. Chögyam Trungpa erklärt den Sinn dieser Geburt und zeigt, dass wir zu einem falschen Verständnis von Erleuchtung neigen:

»Eine erleuchtete Person muss nach westlichem Verständnis das Erscheinungsbild eines alten Weisen haben. Nicht unbedingt das eines alten Professors, aber das eines älteren Vaters, der kluge Ratschläge im Umgang mit Problemen geben kann, oder das einer Großmutter, die alle Rezepte und Heilmittel kennt. Dieses Konzept von Alter, Erwachsensein und Seriosität verbindet die westliche Kultur normalerweise mit erleuchteten Wesen. Die tantrische Sichtweise ist eine vollkommen andere, da sie Erleuchtung mit Jugend und Unschuld verbindet. Das wird deutlich am Leben von Padmasambhava, in dem sich der erleuchtete Geist nicht auf das Alter, sondern auf Jugend und Freiheit stützt. In diesem Zusammenhang bezieht sich Jugend und Freiheit auf die Geburt des erleuchteten Geistes, auf die Qualität des frischen, strahlenden und vollkommen erleuchteten Anbruchs eines neuen Tages. Dieses ist die Qualität, die in der Art der Geburt von Padmasambhava zum Ausdruck kommt.«[27]

Der Sanskritname Padmasambhava bedeutet der »Lotosgeborene«. Das Symbol des Lotos hat einen hohen Stellenwert im Buddhismus, denn der Lotos wurzelt im tiefen und unsichtbaren Schlammboden von Gewässern, wächst an die Wasseroberfläche und entfaltet dort seine Blüte. Die Entfaltung der Blüte über der Wasseroberfläche symbolisiert den Übergang von einer Erfahrungswelt in eine andere, den Übergang vom Unsichtbaren zum Sichtbaren, aber auch die Verwurzelung des Geistes im Dunkel der Unwissenheit und seine Entfaltung im klaren Licht der Erleuchtung.

Das Erscheinen von Padmasambhava ist rein und befreit vom

gewöhnlichen Vorgang der Geburt. Der Legende nach hatte König Indrabodhi von Uddiyana seine Gärtner damit beauftragt, Blumen in der Nähe des Sees zu sammeln. Einer der Gärtner entdeckte zu seiner Überraschung eine riesige Lotosblüte, auf der ein Kind thronte. Da er nicht wagte, das Kind zu berühren, informierte er den König, der befahl, das Kind und die Blüte zu ihm zu bringen. Das Kind wurde vom König Indrabodhi adoptiert, da er und seine Frau keine Kinder bekommen konnten. Er zog es wie einen eigenen Sohn auf und gab ihm den Namen Padma Raja (Lotosprinz).

Im weiteren Verlauf seines Lebens erhielt Padmasambhava sieben weitere Namen, die sich auf seine Manifestationen beziehen, die er in bestimmten Situationen für seine Aktivität annahm. Diese acht Aspekte von Padmasambhava vermitteln alle eine andere Botschaft, die sich auch auf unser Leben übertragen lässt, denn Padmasambhava ist untrennbar mit unserer eigenen Erleuchtung verbunden.

Padmasambhava wurde zum Regenten ernannt und musste das Königreich Uddiyana regieren. Die mit dieser Ernennung verbundenen Verwaltungsarbeiten ließen ihm keine Zeit, anderen Wesen zu helfen. Daher nahm er eine Verhaltensweise jenseits aller menschlichen Konventionen an und begann, magische Kräfte zu manifestieren, bis er schließlich aus dem Palast vertrieben wurde.

In dieser Verhaltensweise erkennt man den nicht konformistischen Charakter des Tantra, wie ihn auch die vierundachtzig Mahasiddhas verkörpern, die zwischen dem 7. und 12. Jahrhundert in Indien lebten. Diese sind Beispiele von Praktizierenden, normalerweise männliche oder weibliche Laien, die ein Wanderleben jenseits aller Konventionen führten, heilige Magier, deren außergewöhnliche Verhaltensweisen die verrückte Weisheit personifiziert. Sie strebten danach, dem durch gesellschaftliche Gewohnheiten gesättigten und in strengen monastischen Regeln erstarrten Mahayana einen neuen und dynamischen Geist einzuhauchen.

Padmasambhava erhielt Unterweisungen von einer Dakini, besuchte acht Verbrennungsstätten, und traf die acht Halter des erleuchteten Wissens (skt. *vidhyadhara*), von denen er die Übertragung der acht Herukas und der Großen Vollendung (tib. *dzogchen*) erhielt.

Ankunft in Tibet und Zähmung der Dämonen

Der tibetische König Trisong Detsen wollte den Buddhismus in Tibet einführen und beschloss die Gründung eines großen Klosters. Er lud den indischen Meister Shantarakshita ein, dem es jedoch nicht gelang, die negativen Kräfte, die sich der Verbreitung der Lehren des Buddha entgegenstellten, zu unterwerfen. In anderen Worten, es gelang Shantarakshita nicht, sich auf die besonderen Voraussetzungen, die in Tibet herrschten, einzustellen. Er erklärte, dass allein der indische Meister Padmasambhava diese Aufgabe bewältigen könne, da er bereits eine Ebene jenseits aller intellektuellen Konventionen verwirklicht habe und es daher nur ihm möglich sei, in eine direkte Beziehung mit der besonderen Eigenart Tibets zu treten.

Padmasambhava brachte die vollständigen buddhistischen Lehren von Indien nach Tibet. Sein Stellenwert in Tibet ist bedeutend höher als der jener historischen Person, deren kurzer Aufenthalt in Tibet auch die Tibetologen anerkennen. Er gilt als die Inkarnation des erleuchteten Geistes in seinem Aspekt der verrückten Weisheit. Nach Aussage von Chögyam Trungpa spricht man in Verbindung mit Guru Rinpoche nicht von einer historischen Persönlichkeit, sondern von der Erfahrung der »Padmasambhava-Haftigkeit« unserer eigenen Existenz.

Die Dämonen und bösen Geister Tibets verbündeten sich gegen Guru Rinpoche. Sie brachten ganze Gebirge zum Einsturz und entfesselten enorme Naturgewalten mit dem Ziel, ihn an seinem

Wirken zu hindern. Ihre Anstrengungen waren jedoch erfolglos. Guru Rinpoche zähmte diese Kräfte und überzeugte die Dämonen und Geister schließlich davon, sein Werk der Verbreitung der buddhistischen Lehre des Sanftmutes und Mitgefühls zu beschützen. Guru Rinpoche personifiziert somit die Zähmung und Unterwerfung der Gottheiten und Dämonen Tibets, die von nun an den Praktizierenden, der sich an sie wendet, beschützen. In seiner letzten Manifestation als Dorje Trolö zähmte er die Dämonen in Bhutan. In dieser Form reitet er mit Flammen sprühendem Körper auf einer wilden Tigerin. In seinen Händen hält er einen Vajra und einen Dolch. Er gilt als die höchste Verkörperung des kompromisslosen Vajrayana.

Terma und Tertön

Unter Padmasambhavas Anleitung übersetzten zahlreiche indische und tibetische Gelehrte die gesamten buddhistischen Schriften und den Großteil der in Indien verfassten Kommentare. Die Essenz seiner Ausstrahlung geht jedoch weit über sein Wirken hinaus und gleicht einem kosmischen Prinzip.

Nach der Verfolgung der Buddhisten durch den dem Dharma feindlich gesinnten König Langdharma im folgenden Jahrhundert, begann eine zweite Periode der Übersetzung indischer Schriften. Aus dieser als »Periode der neuen Übersetzung« bezeichneten Phase gingen die Übertragungslinien der Kadampa (deren Erbe die Schule der Gelugpa ist), der Sakyapa, Kagyüpa, Shangpa, Shidjde, Dorje Naldjor (eine Schule des Kalachakra Tantra) und Urgyenpa hervor. Diese sieben Schulen bilden mit der ersten Schule der Nyingmapa die acht Fahrzeuge der spirituellen Praxis des tibetischen Buddhismus.

Da Guru Rinpoche die Verfolgung der Buddhisten durch Langdharma voraussah, verbarg er seinen spirituellen Schatz auf magische Weise an verschiedenen Orten wie Tempeln und Gebäuden, aber auch in heiligen Bildern, Felsen, Seen und selbst im Himmel. Diese verborgenen Lehren werden als *terma* (Schatztexte) bezeichnet. Guru Rinpoche sagte voraus, dass seine Schüler als *tertön* (Finder von Schatztexten) wiedergeboren und diese Lehren zu einem Zeitpunkt finden und offenbaren würden, zu dem sie dem Wohl aller Wesen nützlich sind.

Tritt ein solcher Zeitpunkt ein, erhält der Tertön durch Visionen oder durch andere Zeichen Hinweise, wie und an welchem Ort er den für ihn bestimmten Schatztext finden kann. Diese Termas sind in der Symbolsprache der Dakinis aufgezeichnet, auf deren Grundlage der Tertön die in ihnen enthaltenen Lehren bis hin zu kompletten Lehrbüchern niederschreiben kann.

Termas können aber auch im Geist des Tertön verborgen sein. In den letzten Jahrhunderten haben zahlreiche Tertön-Meister gelebt und selbst in unserem Jahrhundert werden von Guru Rinpoche verborgene Schatztexte von großen Meistern, wie beispielsweise Dilgo Khyentse (1910–1991) entdeckt.

Diese Art der Übertragung – auch kurze Übertragungslinie genannt – ergänzt die lange Linie der mündlichen Übertragung von Lehren, die seit dem Ur-Buddha Samanthabhadra über Padmasambhava, Vimalamitra und anderen Haltern des spirituellen Wissens ohne Unterbrechung von den Meistern an die Schüler weitergegeben wurden. Die Tradition der mündlichen Übertragung, die der Gefahr von Unterbrechungen und Verfälschungen ausgesetzt ist, wird durch diese Form der Übertragung regeneriert.

Guru Rinpoche verweilt der Überlieferung zufolge gegenwärtig an einem weit entfernten Ort mit Namen Sangdopaldri (Ruhmreicher Kupferberg) auf dem Kontinent der Rakshasas.

Gesar von Ling

Gesar von Ling ist der magische Krieger Tibets. Seine Legende wird von fahrenden Sängern, die große Abschnitte seiner Geschichte auswendig beherrschen, im gesamten Land des Schnees besungen. Diese Sänger sind keine Dichter, sondern Priester im Sinne der griechischen Dramatiker, die in ihrer Eigenschaft als Dichter die Götter besingen. Die Bedeutung dieser Legende für die Kultur Tibets ist vergleichbar mit dem der Iliade des Odysseus für die abendländische Kultur. Die Tibeter sehen im Mythos des Gesar von Ling einen zentralen Bezugspunkt der gesamten menschlichen Existenz und des spirituellen Lebens.

Erreicht ein scheinbar gewöhnliches menschliches Wesen eine göttliche Verwirklichung, ist das für die Tibeter ein Zeichen, dass dieses Wesen im Einklang mit einer bestimmten Konfiguration der Weltordnung ist. Daher lässt sich dieser Mensch als eine Erweiterung des göttlichen Prinzips betrachten. Die Bühne der menschlichen Aktivitäten befindet sich in diesem Fall in vollkommenem Einklang mit den Gottheiten. Gesar von Ling gilt in diesem Sinn als eine Emanation von Guru Rinpoche.

Nach seiner Geburt wurden er und seine Mutter Gogza Lhamo von seinem Onkel Trothung aus dem Königreich Ling verbannt. Ihr Exil endete, als Gesar das Alter von fünfzehn Jahren erreicht hatte. Er beteiligte sich an einem Pferderennen, das den neuen König bestimmen sollte. Nachdem er entgegen aller Erwartungen seinen Hauptrivalen Trothung besiegt hatte, wurde er zum König von Ling gekrönt und erhielt die Tochter des Königs Brugmo zur Ehefrau. Anschließend beschreibt die Legende zahlreiche Kämpfe, die er mit magischen Waffen siegreich gegen die Dämonenkönige der vier Richtungen führte. Die letzte und bedeutendste Episode beschreibt die Eroberung und Konvertierung des Landes Hor.

Die fahrenden Sänger verbinden die gewöhnliche mit der übernatürlichen Welt. Für sie steht der Hof des Königs Gesar von Ling

mit seinen berühmten Generälen, seinen Begleitern und Minis-
tern, seinem magischen Pferd und seiner göttlichen Mutter für
eine bestimmte Form der Existenz. Indem sie ihn besingen, manifestieren sie seine Gegenwart, wodurch verworrene Situationen
geklärt werden können.

Die große Bedeutung des Gesar von Ling wird verständlich,
wenn man sich daran erinnert, dass die Tibeter ursprünglich ein
Kriegervolk waren. Gesar ist die Verkörperung der Galanterie, des
Edelmuts und der Großzügigkeit eines perfekten Kriegers, der die
Schwachen beschützt.

Der Begriff Gesar stammt wahrscheinlich wie das deutsche
»Kaiser« und das russische »Zar« von lateinischen *caesar* ab.

Bön, die Religion ohne Namen

Das authentische Gesicht des Bön

Der Buddhismus verbreitete sich im 7. und 8. Jahrhundert in Tibet
und traf dort auf einen lebendigen Volksglauben und auf Rituale,
die allgemein unter dem Begriff Bön zusammengefasst werden.

Bön bezeichnet eine Reihe von unterschiedlichen Phänome-
nen. Er ist vorrangig eine lokale schamanistische Tradition mit
bestimmten Orakeltechniken sowie der Verehrung von Naturele-
menten wie Himmel, Erde, Gebirge, Seen, Felsen und Flüssen.
Jedes Dorf hatte einen eigenen Kult. Da es keine schriftlichen Auf-
zeichnungen gibt, ist die Bestimmung des Ursprungs des Bön
schwierig. Archäologische Funde belegen allerdings das hohe Alter
dieser Tradition. Aufgrund seiner Diversität kann man mit Rolf
A. Stein Bön als »Religion ohne Namen« bezeichnen.

Mit Bön bezeichnet man auch die vorbuddhistische Religion,
die am damaligen Königshof eine privilegierte Stellung einnahm.
Diese Tradition hatte im Gegensatz zum Buddhismus das Ziel,

durch die Rituale der Priester das Leben des Königs zu schützen und die Seele des Verstorbenen ins Jenseits zu führen. Die Opferung von Tieren und sogar Menschen stand in diesen Ritualen im Zentrum. Die dem Feuer geopferten Tiere – häufig Yaks, Pferde und Schafe – dienten als Führer und Reittiere, die den Verstorbenen an seinen neuen Aufenthaltsort geleiten sollten.

Der Ursprung dieser Tradition liegt vermutlich in Shang Shung, einem Königreich, das sich wahrscheinlich im Westen des heutigen Tibet von der Region um den Berg Kailash über Ladakh bis in den Nordwesten Tibets erstreckte. Bön erreichte später das Land Tagsig, das dem Gebiet des heutigen Iran entsprechen könnte. Das Königreich Shang Shung war unabhängig von Tibet und hatte bis zu seiner Eroberung im 6. Jahrhundert eine eigene Sprache und politische Struktur.

Nach den Quellen des Bön ist Sherab Miwo der spirituelle Gründer dieser Tradition. Sherab Miwo, der mehrere Jahrhunderte vor Buddha Shakyamuni geboren wurde, stieg der Überlieferung nach aus dem Himmlischen Königreich herab und nahm eine menschliche Geburt mit dem Ziel an, den Weg der Befreiung zu lehren. Diese wundersame Geburt fand in Olmo Lungring statt, einer Region des westlich von Shang Shung gelegenen Landes Tagsig. Samten G. Karmay beschreibt Olmo Lungring als ein reales, aber unvergängliches Land: »Während die Welt am Ende vom Feuer verschlungen wird, steigt dieses Land in den Himmel auf.«[28] Der Beschreibung nach nimmt dieses Land die Form einer Blume mit acht Blütenblättern an, die den acht Strahlen eines radförmigen Himmels entsprechen. Die überlieferte Lebensgeschichte von Sherab Miwo unterscheidet sich von der des Buddha, obwohl auch er ein Erwachter ist.

Es muss die Tatsache unterstrichen werden, dass Bön sich selbst nicht als eine aus Tibet stammende Tradition betrachtet. Nach seiner Ankunft in Shang Shung widersetzte sich Sherab Miwo der wie in zahlreichen anderen Kulturen verbreiteten Opferung von

Tieren und sogar Menschen und ersetzte diese durch das Ritual der Verwendung von Statuen und der Darbringung von Opferkuchen.

Abraham wird von Jahve daran gehindert, ihm seinen Sohn zu opfern. Dieser opferte ihm stattdessen einen Widder. Agamemnon opferte an Stelle von Iphigenie ein Reh. In Verbindung mit Sherab Miwo tritt aber nicht das Tieropfer an Stelle des Menschenopfers, sondern die Bedeutung der Opferung selbst wird transformiert. Diese Tradition wird als der Ewige Bön (tib. *yung drung bön*) bezeichnet. Wie der Buddhismus hat er zahlreiche Traditionen der alten Religion integriert.

Im 7. Jahrhundert mussten aufgrund von politischen Repressionen gegen die Bön-Schule zahlreiche Schriften verborgen werden. Nach ihrer Wiederentdeckung trugen diese zur Erneuerung des Bön in Tibet bei.

Nach Ansicht der Buddhisten hat sich Bön ausschließlich unter ihrem Einfluss entwickelt, und sie behaupten, die Lehren des Bön basierten auf ihren Lehren. Die Schule des Bön habe lediglich geringfügige Abweichungen eingeführt wie beispielsweise das Umrunden eines Stupa gegen den anstatt im Uhrzeigersinn.

Wie Snellgrove jedoch aufzeigt, ist es »den Bönpo gelungen, bis heute ihre eigene Tradition gegenüber den bedeutend mächtigeren orthodoxen Vertretern des Buddhismus zu bewahren, die sie fälschlicherweise als Praktizierende der vorbuddhistischen Religion identifizierten.«[29]

Das Studium des Bön, das im Westen ein wachsendes Interesse erfährt, ermöglicht ein besseres Verständnis des tibetischen Buddhismus, der ihm viel verdankt. Die Kunst, aus Butter skulpturartige Opferkuchen (tib. *torma*) als Verkörperung von Gottheiten anzufertigen, das Aufhängen von Gebetsfahnen (tib. *lungta*) und das Rauchopfer (tib. *lhasang*) haben alle ihren Ursprung in der Bön-Tradition.

Das zentrale Ziel des Bön aber ist nicht die Ausübung solcher

Naturrituale, sondern die Praxis des Dzogchen, eines Weges, der zur spontanen Erkenntnis der Vollkommenheit aller Dinge führt. Nach Aussage von Namkhai Norbu[30], einem bedeutenden Meister des Dzogchen unserer Zeit, geht die ursprüngliche Form der Dzogchen-Meditation zurück auf Sherab Miwo. Damit vertritt er eine andere Ansicht als die tibetischen Historiker des Buddhismus, die das 7. Jahrhundert als den Beginn der tibetischen Zivilisation nennen. Seiner Ansicht nach trug die Einführung des Buddhismus lediglich zur Bereicherung einer bereits vorhandenen tibetischen Kultur bei. Im Gegensatz zu China und Japan, wo die eigene ursprüngliche Kultur allen von außen eingeführten Strömungen übergeordnet wurde, hätten in Tibet die Historiker und Praktizierenden des Buddhismus der eigenständigen Kultur Tibets nur ein geringes Interesse entgegengebracht.

Die Schule der Nyingmapa und ein Großteil der tibetischen Buddhisten sieht den Ursprung der Praxis des Dzogchen im Buddhismus. Ihrer Ansicht nach wurde sie von Padmasambhava in Tibet eingeführt und später von der Bön-Tradition übernommen.

Eine genaue Kenntnis der Geschichte der Bön-Tradition zu erhalten ist äußerst schwierig, denn es herrscht nicht nur ein Mangel an Schriften und Dokumentationen, sondern auch eine Verschmelzung der mythologischen mit der wissenschaftlichen Geschichte.

Darüber hinaus muss in Betracht gezogen werden, dass sich die spirituelle von der wissenschaftlichen Domäne erheblich unterscheidet und die wissenschaftlichen Belege keinen größeren Wahrheitsgehalt haben als die Mythologien.

Übereinstimmend wird festgestellt, dass sich die Tibeter als ein Volk von Barbaren betrachteten, das Hilfe von außen – sei es Indien oder Shang Shung – benötigte, was, so scheint es, kein Ausdruck einer kulturellen Besonderheit des Bön ist. Denn alle authentischen Traditionen verweisen auf ältere Ursprünge und bestätigen, dass sie nicht die Urheber, sondern die Bewahrer ihrer

Tradition sind. Daraus lässt sich ableiten, dass die Wahrheit einer spirituellen Tradition immer einen anderen Ursprung hat, da sie nicht vom Menschen begründet wurde. In diesem Zusammenhang können die Werke von René Guénon über die Existenz einer Ur-Tradition die logischen Schwierigkeiten verständlich machen, mit denen sich die Denkansätze der Historiker konfrontiert sehen.

Die Legende der Entstehung der Welt

Im Ursprungsmythos des Bön geht das tibetische Volk nicht aus der Vereinigung von Avalokiteshvara mit der Felsdämonin oder, wie in anderen Versionen, mit Tara hervor. Nach der Legende des Bön gab es anfangs nur den Raum. Kein leerer Raum, sondern eine Fülle von Potenzialen, die manchmal mit der himmlischen Macht (tib. *lha*) identifiziert werden. Dieser Raum brachte die vier Elemente Erde, Wasser, Feuer und Luft hervor, die in einem kosmischen Ei miteinander verschmolzen (einige Versionen erzählen von zwei, fünf oder neun Eiern). Santen G. Karmay schreibt: »Der Tau entstand aus dem Kontakt zwischen der Hitze des Feuers und der Kühle des Windes. Auf den Tautropfen sammelten sich die Atome. Diese wurden vom Wind, der den Raum erfüllte, hinweggetragen und bildeten eine Ansammlung von Partikeln, die schließlich zu Gebirgen anwuchsen.«[31]

Hier wird keine Schöpfungslegende wie in der christlichen Tradition erzählt, sondern dargestellt, wie sich aus den Elementen selbst langsam alle Wesen entwickelt haben. Diese Legende geht nicht von einem Schöpfer aus, sondern von einer ursprünglichen Bewegung mit einer eigenen Gesetzmäßigkeit. Die Welt entsteht metaphorisch aus einem kosmischen Atem, dem alle Lebewesen entspringen.

Aus dem ersten kosmischen Ei entwickelten sich achtzehn weitere kosmische Eier, die als neun Brüder und neun Schwestern be-

zeichnet werden. Anderen Versionen zufolge entstammten diese der
Vereinigung eines Königs mit einem weiblichen Wesen. Aus diesen
achtzehn Eiern gingen die gesamte Welt, die Götter und die Menschen hervor.

Im weiteren Verlauf der Überlieferung, der eventuell auf einen
Einfluss der zoroastrischen Tradition Persiens zurückzuführen ist,
erfolgt die Gegenüberstellung der Kräfte des Lichtes und der Dunkelheit in Form von zwei weiteren Eiern. »Aus dem Schoß der
fünf Ursprünge selbst erschienen ein Ei des Lichtes und ein Ei der
Dunkelheit. Das Ei des Lichtes hatte die Form eines Würfels und
die Größe eines Yak. Das Ei der Dunkelheit hatte die Form einer
Pyramide und die Größe eines Ochsen.«[32]

Aus dem Ei des Lichtes gingen die Götter und Menschen und
aus dem Ei der Dunkelheit die Dämonen hervor. Der Mensch wird
mit diesen beiden Kräften, die als »gemeinsam geborene Götter
und Dämonen« bezeichnet werden, geboren. Diese beiden Kräfte
und nicht innere Impulse oder Früchte früherer Handlungen beherrschen ihn.

Die verschiedenen Quellen dieser Legende sind allerdings widersprüchlich. Die Anzahl der Eier, ihre Farbe, Form und Größe
und die Art ihres Aufbrechens sind so zahlreich wie die Anzahl
der Schriften. Das Entstehen der Welt aus einem kosmischen Ei
wird bereits in den indischen Upanishaden, im Brahmana und im
Mahabharata beschrieben.

Eine andere Möglichkeit, die Kosmologie des Bön einzubeziehen, ist die Trennung der sichtbaren von der unsichtbaren Sphäre.
Die erste Sphäre enthält die physische Welt der Menschen, Tiere
und himmlischen Wesen, die zweite eine Hierarchie übernatür-
licher Kräfte. In ihr leben acht Armeen von Gottheiten und Dämonen in sieben kosmischen Königreichen.

Der Mensch steht im Zentrum der Interaktion dieser kosmischen Kräfte. Die Ausführung eines von Sehern oder Orakeln vor-
geschriebenen Rituals wurde als eine Methode betrachtet, die kos-

mischen Kräfte aktiv zu beeinflussen. Mit ihnen wurden Gewitter-
stürme besänftigt, Krankheiten geheilt, Dürrezeiten beendet und
Feinde verwirrt. Die Nichtbeachtung dieser interaktiven Verbindung und der Harmonie zwischen den inneren Kräften und den
Kräften der Natur galt als der Auslöser von Naturkatastrophen,
die über die Gemeinschaft hereinbrechen konnten. So hatten die
Priester des Bön die Aufgabe, die Weltordnung mit Hilfe von Orakeln, Astrologie, Ritualen und Diagnosen wiederherzustellen. Die
ersten beiden Methoden dienten der Feststellung der Ursache von
Krankheiten, die letzten beiden Methoden der Bestimmung geeig-
neter Therapien.

Die Dreiteilung der Welt

Es gibt viele Methoden, um die verschiedenen Gottheiten und
Geister zu klassifizieren. Die einfachste ist die Aufteilung in die drei
Kategorien der himmlischen Götter (tib. *lha*), der lokalen welt-
lichen Geister der Menschenwelt (tib. *nyen*) und der unterirdischen
Götter (tib. *lu*), die den Nagas der indischen Tradition entsprechen.

Der himmlische Raum in der Farbe des unbefleckten ewigen
Schnees ist die Domäne der Lha, der himmlischen Götter in Rüs-
tungen aus Kristall.

Die Nyen sind die Geister der Atmosphäre und in manchen Fällen die Schützer der Geister der Vorfahren. Magyal Pomra, ein
Berggeist, ist ein repräsentatives Beispiel eines Nyen. Er war niemals ein menschliches Wesen, entwickelte aber eines Tages ein Bewusstsein und das Verlangen nach Kommunikation. Dieses als Berg
identifizierte Wesen begann mit der Praxis der Meditation und
wurde ein Schüler und Diener von Padmasambhava. Er widmete
sich fortan der Übung der buddhistischen Prinzipien von Weisheit
und Mitgefühl.

Die Lu sind eine Klasse magischer Wesen, die typisch für die

Mythologie des Himalaya sind. Sie sind Gottheiten, deren Körper sich vollständig aus Wasser zusammensetzen. Im Winter verbergen sie sich unter der Erde, im Sommer steigen sie unsichtbar auf und verweilen in Form von Wolken im Himmel. Die Lu können eine Vielzahl von Formen annehmen. Sie können als Mensch, Riesenschlangen oder kleine Würmer von der Größe eines Haares erscheinen. Sie sind die Wächter von Gewässern und Flüssen. In der indischen Mythologie sind sie als Nagas die Wächter der Bodenschätze. Sie besitzen große Macht und sind die Halter aller Wissenschaften. Der Legende nach waren sie es, die die Prajnaparamita, den Haupttext des Mahayana, an Nagarjuna übergaben.

In Tibet haben die Lu eine besondere Funktion in Verbindung mit der Umwelt und dem Respekt vor der gegenseitigen Abhängigkeit von Mensch und Natur. Da die Erde heilig ist, darf das Gleichgewicht der Natur nicht gestört werden. Verschmutzt eine Person ein Gewässer oder verändert sie einen Ort, an dem eine bestimmte Naturkraft verweilt, werden die Lu zornig und können die verantwortliche Person mit Krankheit schlagen. Die typischen Krankheiten, die der Zorn eines Lu auslösen kann, sind Hautkrankheiten und Leukämie.

Einer Legende nach erkrankte Rechungpa, ein Schüler von Milarepa, dem großen Mystiker des 12. Jahrhunderts, in seiner Jugend an Lepra, weil die Schar seines Pfluges den Körper eines Lu durchschnitten hatte. Er lebte in Abgeschiedenheit, bis man ihm riet, nach Indien zu reisen und dort ein Gegenmittel zu suchen. Dieses fand er dort in Form einer Meditationstechnik.

Aufgrund dieser großen Macht der Lu, die in einer ständigen Beziehung zum Menschen leben, bringen ihnen die Tibeter zur Besänftigung und Befriedung regelmäßig Opfergaben dar.

Chögyam Trungpa erläutert im siebzehnten Kapitel von *Shambala. La voie sacrée du guerrier* die Entsprechung dieser Dreiteilung auf der Ebene der menschlichen Erfahrung. Demzufolge ist die

Domäne der Lha der höchste Punkt, der als erster das Licht der
aufgehenden Sonne empfängt, die Erfahrung einer unendlichen
Frische und eines reinen Geistes. Die Domäne der Nyen sind die
großen Gebirge, Wälder, Dschungel und Ebenen. Diese entsprechen der Festigkeit, dem Gefühl der festen Verankerung in positiven Qualitäten, der Verwurzelung mit der Erde. In diesem Sinn
steht Nyen in Verbindung mit dem Mut und der Heldenhaftigkeit
der menschlichen Wesen. Die Lu, deren Bezeichnung wörtlich
»Wasserwesen« bedeutet, haben die Qualität eines flüssigen Juwels,
der mit Reichtum in Verbindung steht. Das Zusammenspiel von
Lha, Nyen und Lu lässt sich im menschlichen Verhalten nachvoll-
ziehen, wie das einfache Beispiel des Trinkens eines Glases Wasser
aufzeigt. Zuerst ist das Glas leer und man füllt es mit Wasser. Dieses
entspricht dem Lha. Das Ergreifen des Glases mit der Hand entspricht dem Nyen und das Trinken des Wassers dem Lu. Nach der
Darstellung von Chögyam Trungpa macht die Einhaltung der Reihenfolge von Lha, Nyen und Lu den Menschen zu einem zivilisier-
ten Wesen und ermöglicht ihm, sich in Einklang mit der Welt der
Erscheinungen zu bringen.

Das Windpferd

Ein weiteres Element innerhalb der Tradition des Bön, das aber
eventuell der daoistischen Tradition entstammt, ist das Windpferd
(tib. *lungta*), die Energie des reinen Geistes. Die chinesischen, tibetischen und indischen Traditionen sind in Bezug auf das Windpferd
so miteinander verwoben, dass sich nur schwer ermitteln lässt, in
welcher dieser Traditionen es seinen Ursprung hat. Man muss es
eventuell ebenfalls den Mythologien zuschreiben, die sich entlang
der Seidenstraße verbreitet haben.

In Tibet trifft man überall auf mit Mantras und magischen
Symbolen bedruckte Gebetsfahnen. Die am häufigsten verbreitete

Version dieser Fahnen trägt im Zentrum ein Pferd, das auf seinem Sattel ein von Flammen umkränztes Juwel trägt. Um dieses Pferd angeordnete Mantras buddhistischer und nicht-buddhistischer Gottheiten sollen deren Kräfte anrufen.

Man findet das magische Pferd auch in China, wo es als Lung Ma (Drachenpferd) oder nach anderen Übersetzungen als das Kaiserliche Pferd bezeichnet wird. Das Lung Ma ist eine alte Figur der daoistischen Alchemie. In der magischen Tradition des 2. bis 4. Jahrhunderts wird es Pao P'u Tsu (Der Meister, der die Tugend umarmt) genannt. Vielleicht existierte das Windpferd schon vor der daoistischen Tradition. Einige westliche Forscher glauben, dass es aus derselben Tradition hervorgeht, der auch der sibirische Schamanismus entstammt.

Der chinesische Daoismus begreift den Menschen als aus mehreren spirituellen Prinzipien zusammengesetzt. Eines dieser Prinzipien steht in Verbindung mit der Eigenschaft der Luft, die nach dem Tod aufsteigt, und ein anderes mit der Eigenschaft der Erde, die sich mit dem Tod auflöst.

In Tibet findet man ebenfalls dieses Prinzip mehrerer Lebensenergien. Der tibetische Begriff *la* (tib. Schreibweise *bla*) bedeutet ursprünglich »oberhalb« und bezeichnet die Geisteskraft. Er wird in gegenseitiger Verbindung mit dem Begriff *lha* (tib. Schreibweise *lha*) verwendet, der sich auf die höchsten Götter bezieht. Der Begriff *la* ist auch Bestandteil der Bezeichnung *dralha* (tib. Schreibweise *dgra-bla*), die in der Übersetzung »Kriegsgott« bedeutet, da dieses Prinzip in Verbindung mit Mut steht. Ein weiteres Prinzip ist *sog* (tib. Schreibweise *srog*), das die Vitalität bezeichnet. Ein Mangel an diesen Energien drückt sich beim Menschen in Schwäche und Niedergeschlagenheit aus.

In einigen Lehrschriften sind diese Energien im Körper nach einer Hierarchie angeordnet, die der kosmischen Hierarchie entspricht. Im oberen Teil des Körpers befinden sich Lha, in der Körpermitte Nyen und in der unteren Körperregion Lu.

Diese Reihenfolge findet man auch in den berühmten Ge-
sängen, die in Tibet bei nationalen Feiern und den Festen der Jah-
reszeiten gesungen werden. Sie ist der chinesischen Reihenfolge
sehr ähnlich, die das Universum nach den Prinzipien Himmel,
Erde und Mensch anordnet. Gemeinsam mit den Rauchopfern
und der Bewegung der farbenfrohen Gebetsfahnen im Wind richten sich diese Gesänge an die lokalen Gottheiten, die Gottheiten
des Kalenders und die Gottheiten der Elemente.

Es ist wahrscheinlich, dass diese beiden Traditionen eine gemeinsame Quelle haben. Der chinesische Kaiser Kang Hsi hat sogar den Versuch unternommen, dieser gemeinsamen Verbindung
Ausdruck zu verleihen. Er gab die Veröffentlichung einer in die
mongolische Sprache übersetzten Ausgabe der Legende des Gesar
von Ling in Auftrag, die er dann mit dem chinesischen Kriegs-
roman *Abenteuer in den drei Königreichen* vergleichen wollte. Einer
der Helden dieses Romans, der General Schlafender Drache, ist
ein Weiser, der eine chinesische Variante des tibetischen Rauch-
opfers abhielt. Sein Ritual basiert auf dem chinesischen Prinzip des
Windpferdes und der vier Schützerfiguren Tiger, Krieger, Großer
Roter Vogel und Drache.

Die vier Schützertiere

Die buddhistische Variante der Gebetsfahnen ist mit vier Schützer-
tieren bedruckt, die den vier Hauptrichtungen und den vier Elementen zugeordnet sind. Die vier Schützertiere sind Tiger, Schnee-
löwe, Garuda und Drache. Das Element des Tigers ist Luft, das
Element des Schneelöwen ist Erde, das Element des Garuda ist
Feuer und das Element des Drachen ist Wasser. Hier findet man
Spuren der ursprünglichen tibetischen Mythologie der vier Tiere –
Tiger, Yak, Drache und Adler – wieder. Diese repräsentieren jeweils gleichzeitig eine Linie der ersten vier der sechs Stämme und

einen Kriegsgott. Sie sind auch als die Vier Glücksgottheiten bekannt.

In der Ikonographie sind diese Schützertiere allgemein in den
vier Ecken und das Windpferd auf Wolken galoppierend im
Zentrum der Gebetsfahne abgebildet. In der buddhistischen Version dieser Fahne und der Ritualtexte wurde der Yak durch den
Schneelöwen, der zum Symbol Tibets geworden ist, ersetzt.

Der Garuda ist in Tibet, ähnlich dem Phönix der westlichen
Kultur, ein mythischer Raubvogel. In der Bön-Tradition symbolisieren die fünf Tiere der Gebetsfahne in Verbindung mit dem Ritual der Rauchopferung die fünf Komponenten eines Menschen.
Der Garuda repräsentiert die Vitalität, der Tiger den Körper, der
Drache die Fähigkeit (und den Wohlstand), der Löwe die Geisteskraft und das Windpferd den reinen Geist.

In einer Anrufung der Schützertiere heißt es:

Möge mich der Adler, der König der Vögel,
der Unterwerfer der drei Welten,
vor dem Herren des Todes beschützen,
indem er ihn, wenn er sich mir nähert,
dem Wesen des Himmels gleichmacht.

Möge der rote Tiger mit den schwarzen Streifen,
mit dem sich niemand zu messen wagt,
meinen Körper vor Krankheiten schützen,
indem er ihn sich wie einen Baum entwickeln lässt,
der alle Begierden erschöpft.

Möge der türkisfarbene Drache des Blitzes,
der König des Klanges, meinen Wohlstand
vor allen negativen Einflüssen schützen,
indem er ihn wie einen Sommersee anwachsen lässt.

Möge der unvergleichliche weiße Löwe
mit der türkisfarbenen Mähne die Hindernisse,
die sich meinen Taten und Wünschen entgegenstellen,
beseitigen, indem er mein Glück weiß färbt,
wie schneebedeckte Berggipfel.

Möge das durch magische Kräfte mit der
Schnelligkeit der Wolken galoppierende Pferd
nicht zulassen, dass der Ruhm meiner Seele
von bösen Winden zerstreut wird, indem es seine Essenz
großzügig gewährt, wie die Wolken den Regen.

4
Wie man mit dem Göttlichen in Verbindung tritt

Bisher wurden die verschiedenen Arten von Göttern und Gottheiten im tibetischen Buddhismus vorgestellt. Nun soll gezeigt werden, wie man mit ihnen in Verbindung treten und die mit ihnen verbundenen Praktiken durchführen kann.

Die Einweihung

Die Einweihung (tib. *wang*, skt. *abisheka*) ist eine grundlegende Methode, um das Potenzial der Erleuchtung, das allen Menschen innewohnt, zu aktivieren. Für die Praktizierenden ist sie eine zweite symbolische Geburt, bei der sie vom Lehrer einen Namen erhalten, der auf das Potenzial hinweist, das in ihnen schlummert und das sie vollständig entwickeln können.

Die Begriffe *abisheka* und *wang* bedeuten »Übertragung der Kraft«, daher werden sie manchmal auch mit Ermächtigung übersetzt. Die Ermächtigung fordert von den Praktizierenden ein großes Opfer, da sie ihre gewohnte Vorstellung vom Ich nicht länger aufrechterhalten können. Chögyam Trungpa beschreibt die neue Ich-Erfahrung so: »Dieses Ich ist vollkommen erfüllt von Hingabe, vollkommen offen und überlässt sich der vom Guru geschaffenen Welt.«[33]

Im tibetischen Buddhismus ist die Einweihung eine formelle

Zeremonie. Ihr Hauptprinzip ist es, die Schüler mit der wahren Erkenntnis der Erscheinungswelt, die sie bisher ausschließlich dualistisch und verworren wahrgenommen haben, vertraut zu machen. Diese Wahrheit drückt sich in der Erfahrung der Welt als Mandala oder als Palast einer bestimmten Gottheit aus. Nur Lehrer, die mit der Sichtweise des Mandala vertraut sind, können eine Einweihung geben. Jenseits unserer begrenzten und verwirrten Wahrnehmung zeigen sie uns die Vollkommenheit der Welt auf.

Die Einweihung ist die Erfahrung, die den eigenen Samen der Erleuchtung keimen lässt, aber ohne kontinuierliche Praxis ist sie nur ein lebloses Ritual. Zahlreiche Meister haben in ihren Unterweisungen darauf hingewiesen, dass es keinen Sinn macht, Einweihungen in großer Zahl zu sammeln, ohne sich einer der mit ihnen verbundenen Praktiken zu widmen. Andererseits ist es unmöglich, ohne diese formelle Einweihung, ohne die Zeremonie des Wang, in vollem Umfang in Verbindung mit einer Gottheit zu treten.

Die Einweihungen sind so zahlreich wie die Gottheiten und unterscheiden sich nach dem jeweiligen Tantra, sie folgen aber trotzdem einem einheitlichen Ablauf.

Zur Vorbereitung auf die eigentliche Einweihung bestätigen die Schüler ihre Zufluchtnahme und ihre Bodhisattva-Gelübde. Damit vergegenwärtigen sie sich ihren Willen, zum Wohle aller fühlenden Wesen tätig zu sein. Ohne diese reine Motivation ergäbe die Einweihung keinen Sinn und wäre nur ein äußerliches Ritual. Die stärkste Verbindung zwischen den Praktizierenden und der Gottheit ist die reine Motivation des Herzens. Sie ermöglicht es den Gottheiten erst, sich uns zu nähern.

Anschließend legen die Schüler das Gelübde des heiligen Bandes (tib. *damtsig*, skt. *samaya*) ab, das sie mit dem Meister und dem Yidam verbindet. Dieses Gelübde verpflichtet sie, ihre Erfahrungen in der Praxis des Vajrayana niemals Personen gegenüber offen zu legen, die nicht eingeweiht sind. Das Gelübde wird besiegelt, indem geweihtes Wasser aus einer Muschelschale getrunken wird.

Das anschließende Ritual der Einweihung ist in zwei Abschnitte unterteilt. Im ersten Abschnitt findet der Eintritt in das Mandala statt, im zweiten die Einweihungen im Inneren des Mandala. Zu Beginn der Einweihung beschreibt der Lehrer häufig die Geschichte der betreffenden Übertragungslinie. Dann visualisieren die Schüler den Meister als die Einweihungsgottheit und den Raum, in dem die Einweihung stattfindet, als das Reine Land eines Buddha. So wird die Einweihung von der Gottheit selbst durchgeführt, da der Meister nichts weiter ist als ihre Stimme.

In den höchsten Tantrastufen umfasst die Einweihung im Inneren des Mandala vier Hauptabschnitte. Die Gesamtheit der Zeremonie, aber auch die einzelnen Abschnitte werden als Wang bezeichnet, da jeder von ihnen einer bestimmten Ermächtigung entspricht. Die einzelnen Übertragungen erfolgen, indem die Schüler Lichtstrahlen oder Symbole visualisieren, durch die sie mit der Gottheit in Kontakt treten.

Die ersten drei Abschnitte umfassen die Einweihung in Körper, Rede und Geist der Gottheit. Die menschlichen Aktivitäten werden seit den Anfängen des Buddhismus nach diesen drei Kategorien eingeteilt. Im Vajrayana hat diese Unterteilung jedoch eine umfassendere Bedeutung, da die Praktizierenden die Reinigung dieser drei grundlegenden Aspekte ihres Lebens anstreben. Der Vajrayana ist daher nicht auf die Befreiung unserer Seele ausgerichtet, sondern auf die Transformation unseres gesamten Seins in Gestalt von Körper, Rede und Geist.

Die Voraussetzung für das Praktizieren des Sadhana einer Gottheit ist die entsprechende Ermächtigung durch den Meister. Durch verschiedene Gesten (skt. *mudra*), meditative Versenkung (skt. *samadhi*) und die Rezitation heiliger Silben (skt. *mantra*) transformiert ein Sadhana die gewöhnliche Ebene von Körper, Rede und Geist in die Ebene von Körper, Rede und Geist der Gottheit. In diesem Zusammenhang steht Mudra für die Wahrheit des Körpers, Mantra für die Wahrheit der Rede, Samadhi für die Wahrheit des Geistes.

Die erste, die äußere Einweihung wird Vaseneinweihung genannt und ermächtigt die Schüler, die Gottheit zu visualisieren. Die Vase (tib. *bumpa*) symbolisiert den Palast der Gottheit. Der Körper des Meisters, der als die Gottheit visualisiert wird, verschmilzt mit der Vase. Der Meister berührt mit der Vase den Scheitel des Schülers, und die Gottheit verschmilzt mit ihm. Dann gießt er etwas von dem in der Vase enthaltenen geweihten Wasser, das den Körper der Gottheit und den der anderen Gottheiten des Mandala symbolisiert, in die Handfläche des Schülers. Dieser trinkt es und erhält den Segen der fünf Buddha-Familien. Dadurch werden die negativen Handlungen auf der Ebene des Körpers gereinigt. Alles was bisher die klare Sicht verschleiert hat, alle Zweifel und Zögerlichkeiten, die uns daran gehindert haben, mit der wahren Natur der Wirklichkeit in Kontakt zu treten, werden beseitigt. Diese Einweihung ermächtigt die Schüler, die Aufbauphase der Visualisierung einer Gottheit zu praktizieren.

Die zweite, geheime Einweihung betrifft die Reinigung der Sprache. Der Vajra-Meister selbst wird als die Gottheit visualisiert, und von seinem Körper fließt Nektar des Mitgefühls, der sich mit einem in einer Schädelschale enthaltenen Nektar vermischt. Durch das Trinken dieses Nektars erhält man den Segen der Sprache, wodurch alle negativen Handlungen auf sprachlicher Ebene gereinigt werden. Damit einher geht die Ermächtigung, das Mantra der Gottheit zu rezitieren. Chögyam Trungpa erläutert: »Mit dem Trinken des Nektars, einer Mischung aus Alkohol und anderen Substanzen, der in ein Gefäß in Form einer Schädelschale gegossen wird, verschmilzt der Geist des Schülers mit dem Geist des Meisters und des Yidam, und die Grenzen zwischen Verwirrung und Klarheit beginnen sich aufzulösen.«[34]

Die dritte Einweihung, die Übertragung der höchsten Weisheit, reinigt den Geist und beruht auf der Visualisierung der körperlichen Vereinigung der Gottheit mit ihrer mystischen Gefährtin. Dieser Yab-Yum-Aspekt verkörpert die Welt der Erscheinungen.

Aus den Herzen der beiden Gottheiten in Vereinigung strahlt Licht. Mit diesem Licht erhält man den Segen aller Buddhas, und die negativen Handlungen auf geistiger Ebene werden gereinigt. Man ist nun ermächtigt, die Vollendungsphase der Visualisierung zu praktizieren.

Als letzten Teil der Einweihung im Inneren des Mandala findet die Übertragung des Wortes statt. Sie beruht auf der ursprünglichen Weisheit. Durch einen Kristall oder einen Spiegel macht der Meister die ursprüngliche, niemals befleckte Reinheit des Geistes symbolisch sichtbar. Diese Einweihung reinigt die Gesamtheit von Körper, Rede und Geist und überträgt die Erfahrung der dem Geist innewohnenden Weisheit. Die Bedeutung und Symbolik des Wang ist natürlich komplexer, als aus dieser kurzen Darstellung hervorgeht.

Neben dieser rituellen Einweihung kennt der tantrische Buddhismus aber auch die spontane Einweihung, die bei der Begegnung zwischen Meister und Schüler erfolgen kann. In Überlieferungen wird zum Beispiel vom Mahasiddha Khyungpo Naldjor erzählt, der die wahre Natur des Geistes erkannte, als ihm die Dakini Naguma eine bis zum Rand mit Nektar gefüllte Schädelschale reichte. In einer Geschichte von Naropa heißt es, dass er Erleuchtung verwirklichte, als ihn sein Lehrer Tilopa mit seiner Sandale auf den Kopf schlug.

Eintritt in das Mandala

Durch die Einweihung treten wir in die reine Welt der Gottheit ein. Sie ist die wirkliche Welt. Doch aufgrund unserer Verwirrung und Unwissenheit erkennen wir sie nicht als solche. Deshalb lehrt uns das Tantra, alle Erscheinungen als Teil des Gottheiten-Mandala zu erkennen und eine reine Sicht der Welt zu entwickeln. Das Mandala ist ein Objekt der Meditation, das uns darin unterstützt, unsere gewöhnliche Sichtweise in die reine Sicht des alles durchdringenden Erleuchtungsgeistes zu transformieren.

Die Welt ist keine Ansammlung materieller und vergänglicher Dinge, sondern die Widerspiegelung der inhärenten Reinheit des Dharmakaya. Wir befinden uns im Zentrum der Welt wie ein König im Herzen seines Königreiches oder eine Gottheit in ihrem Reinen Land. Erkennt man die ursprüngliche Reinheit aller Erscheinungen, lassen sich die sinnlichen Wahrnehmungen auf dem Pfad der Erleuchtung nutzen. Mit der reinen Wahrnehmung wird die Welt zu einem Buddha-Mandala, in dem alle Formen und Wesen – seien es Freunde, Fremde oder Feinde – als Manifestationen der Gottheit erkannt werden und Erleuchtung symbolisieren. Alle Klänge, wie das Rauschen von Wasser und Wind, die Laute der Tiere und der menschlichen Stimme, werden zum Mantra. Die Gedanken werden zum Spiel des erwachten Bewusstseins, zur Spiegelung der Erkenntnis.

Die wörtliche Übersetzung von *mandala* ist Kreis, Bereich oder Gesellschaft. Der tibetische Begriff für *mandala* ist *kyilkhor*. Die Silbe *kyil* bezeichnet das Zentrum und *khor* die Peripherie des Kreises. Zentrum und Peripherie stehen hier für die Gesamtheit von miteinander in Beziehung stehenden Elementen. In den Schriften wird dies auch mit der Schwanzspitze eines Yak verglichen, die sich zwar aus einer Vielzahl von Einzelhaaren zusammensetzt, aber als ein Haarbüschel wahrgenommen wird. Diese Wahrnehmung lässt sich mit einem Einzelhaar nicht herstellen.

Die Bedeutung des Mandala ist nicht einfach zu verstehen, da sie sich weit von unserem gewöhnlichen Verständnis entfernt. Im Gegensatz zu dem, was die ikonographische Darstellung des Mandala glauben machen könnte, ist ein Mandala keine Darstellung der Wirklichkeit, die, wie beispielsweise ein Universum, außerhalb von uns existiert. Tatsächlich repräsentiert es in erster Linie die Gesamtheit unseres Seins, ein »umfassendes Gefühl der Existenz, in deren Zentrum wir stehen«, wie Chögyam Trungpa es ausdrückt. »Tantra ist nicht der Weg der Mitte, sondern der Weg, der alles umfasst, ein gnadenloser Weg.«[35]

Das Mandala repräsentiert die Einheit der Welt, wie sie aus sich selbst heraus erscheint, ohne einen außerhalb von ihr stehenden Bezugspunkt. Es ist die direkte Erfahrung der wechselseitigen Beziehung der Gesamtheit aller Dinge. In diesem Zusammenhang kann kein Element als nicht der Wirklichkeit entsprechend zurückgewiesen werden. Alles ist inbegriffen und erkannt als das, was es tatsächlich ist.

Folgt man der Auffassung, Erleuchtung müsse eine Art von Freiheit ohne einen begrenzenden Maßstab sein, mag die Bedeutung des Mandala eventuell widersprüchlich erscheinen. Das Vajrayana erklärt jedoch, dass es selbst in der Erleuchtung verschiedene Bereiche gibt. Das Mandala vermittelt die Möglichkeit, diesen Horizont aufzuzeigen, der nicht die Sicht begrenzt oder abschneidet, sondern das gesamte Ausmaß der Sicht erkennbar macht. Der Horizont ist die Voraussetzung der Sichtbarkeit, und das Mandala gibt dem Menschen eine Wohnstatt.

Visualisierung und Meditation

Der Yidam ist eine wahrnehmbare Manifestation eines besonderen Aspekts der Erleuchtung. In der ausführlichen Sadhana-Praxis visualisiert man die Gottheit, mit der man sich identifiziert. Die Visualisierung ist weder eine magische Praxis noch die Anbetung einer äußerlichen Gottheit, sondern ein Prozess der Identifikation mit einem bestimmten Prinzip der Inspiration und der Energie in der festen Überzeugung ihrer tatsächlichen Präsenz.

Die Bedeutung der Visualisierung

Der Begriff Visualisierung beschreibt nur sehr unzureichend die Praxis, mit der die Präsenz einer Gottheit vergegenwärtigt wird. Die Visualisierung ist keine Anstrengung oder technische Übung, keine intellektuelle Konstruktion – auch wenn sie den unerfahrenen Praktizierenden zu Beginn als solche erscheinen mag. Sie ist nicht auf die visuelle Wahrnehmung beschränkt, sondern schließt alle Sinne mit ein, so dass man auch die Stimme der Gottheit hören oder ihr Parfüm riechen kann.

Thangkas – Rollbilder, die Gottheiten oder Mandalas darstellen – sind daher reine Hilfsmittel, um die Präsenz der Gottheit zu erfahren. Sie dienen nicht der Anbetung, sondern als Stütze, die uns lernen hilft, uns in angemessener Weise zu konzentrieren.

Wie wir am Beispiel der Vajrayogini gesehen haben, hat jedes Detail der Gottheit sowie ihres Mandala eine Symbolik, die man im Geist bewahren muss. Die Visualisierung ist kein in der gedanklichen Vorstellung stattfindender Spaziergang, der uns ein Entkommen aus der Realität ermöglicht, sondern eine Praxis mit dem Ziel, die Wirklichkeit so zu erkennen, wie sie wirklich ist.

Aufbauphase und Vollendungsphase

Die Praxis der Visualisierung beginnt und endet mit einer Meditationsphase. In dieser Phase ruht der Geist ohne Anhalts- und Bezugspunkt in seinem natürlichen Zustand. Bevor man die Gottheit visualisiert, löst man sich in der Vorstellung in Leerheit auf und verlässt damit symbolisch die Welt der gewöhnlichen Erfahrung. Diese direkte Erfahrung der ursprünglichen Reinheit verringert die Tendenz des Ich, an der Vorstellung unvergänglicher Dinge anzuhaften.

In diesem Raum der Leerheit erscheint die Gottheit. Sie ist nichts als der reine Ausdruck der Leerheit, wohingegen die gewöhnlichen Wesen der sechs Daseinsbereiche der Ausdruck von Verschleierung und Verwirrung sind.

In der Aufbauphase (tib. *kyerim*, skt. *utpattikrama*) tritt man dann in Verbindung mit dem spontanen Ausdruck der offenen Natur der Leerheit, indem man die Visualisierung der Gottheit und ihres Mandala schrittweise aufbaut, während man in der Vollendungsphase (tib. *dzogrim*, skt. *sampannakrama*) die Visualisierung schrittweise in Leerheit auflöst, selbst mit der Leerheit verschmilzt und anschließend im reinen Bewusstsein verweilt.

Die im Allgemeinen schrittweise aufgebaute Visualisierung kann bei erfahrenen Praktizierenden, die eine Gottheit und deren gesamtes Mandala augenblicklich und mit perfekter Klarheit visualisieren können, auch spontan entstehen. Indem wir die Präsenz der Gottheit visualisieren, werden wir der direkten Wahrheit unserer Erfahrung gewahr.

Es ist in diesem Zusammenhang wichtig, nochmals zu betonen, dass der Buddhismus keine theistische Ausrichtung hat. Die Gottheit kann nichts für uns tun, aber unser Bestreben, sie zu treffen, lässt uns in einen Prozess der radikalen Transformation eintreten. So erklärt Chögyam Trungpa: »Das Göttliche oder die Gottheit kann nur präsent sein, wenn es niemanden gibt, der sie wahrnimmt. Anders gesagt, Gott kann zu einer Erfahrung werden, wenn da niemand mehr ist, der Gott beobachtet. Die Gottheit kann nur in Abwesenheit eines Gläubigen wahrgenommen werden.«[36]

Samayasattva und Jnanasattva

Damit die letzten Zweifel an der tatsächlichen Präsenz der Gottheit aufgelöst werden, erfolgt ihre Visualisierung in zwei Schritten. Nach dem Aufbau der Visualisierung der eigenen Person und des eigenen Umfeldes als die Basisgottheit (tib. *damtsig sempa*, skt. *samayasattva*) und ihres Mandala als das Basismandala, werden die Gottheiten der Weisheit (tib. *yeshe sempa,* skt. *jnanasattva*) eingeladen. Die anschließende Verschmelzung des Samayasattva als visualisierte Basisgottheit und der Jnanasattvas als Weisheitsgottheiten hat das Ziel, die Visualisierung zu stabilisieren. Alle tantrischen Traditionen zielen nach Aussage von Chögyam Trungpa darauf ab, die Weisheit der Jnanasattvas mit der physischen Existenz des Samayasattva zu verbinden. Die Visualisierung ist eine Möglichkeit, diese beiden Aspekte zu verbinden. Eine Visualisierung der Jnanasattvas ist nicht notwendig, denn diese manifestieren sich spontan in einer instabilen Visualisierung.

Opferungen und Opfergaben

Neben der Visualisierung von Gottheit und dem Verweilen in ihrer Präsenz wird auch das Darbringen von Opfergaben an die Gottheit praktiziert.

Weshalb werden Opfergaben dargebracht? In den vedischen Schriften heißt es, dass die Götter, denen man Opfergaben darbringt, sich erkenntlich zeigen. Opfert man beispielsweise einen Ochsen, wird dieses Verdienst (skt. *punya*) durch realen Wohlstand belohnt. Die Opfergaben werden verbrannt und der aufsteigende Rauch ruft die Götter herbei.

Der Buddhismus hat diese Praxis verwandelt und die materiellen Opfergaben durch symbolische Opfergaben ersetzt. Nach buddhistischer Auffassung erhält man Verdienst nicht, sondern sammelt Verdienst (tib. *sönam*) an. Die Gottheit erwartet keine Opfergaben und zürnt auch nicht, wenn man das Darbringen von Opfergaben unterlässt. Die Darbringung der Opfergaben erfolgt zu unserem eigenen Wohl und hat das Ziel, die positiven Eigenschaften unseres Wesens zu entwickeln.

Shanitdeva, der im 8. Jahrhundert unserer Zeitrechnung lebte, war einer der großen Meister des indischen Buddhismus. Das von ihm verfasste *Bodhicaryavatara* (»Eintritt in das Leben zur Erleuchtung«) ist ein Hauptwerk der Mahayana-Literatur, das in poetischen Worten den Weg eines Bodhisattva beschreibt. Noch heute lernen viele Praktizierende dieses Werk auswendig. Die umfassende Bedeutung der Darbringung von Opfergaben wird aus folgenden Zeilen ersichtlich[37]:

Um dieses Gedankenjuwel zu erlangen,
verehre ich in der richtigen Weise die Buddhas,
das makellose Juwel der wahren Lehre und
die Buddhasöhne, die Ozeane an Vorzügen.

Alle Blumen und Früchte und Kräuterarten
und alle klaren und bezaubernden Edelsteine und
Gewässer, die es gibt auf der Welt.

Die Berge aus Edelstein, die der unterscheidenden
Erkenntnis günstigen Waldplätze, die durch ihren
Schmuck von schönen Blüten leuchtenden Lianen
und die Bäume, deren Äste durch herrliche Früchte
gebeugt sind.
Die Wohlgerüche und Düfte in den Welten der Götter
und anderer, die Wunschbäume und die Bäume aus Edelstein,
die lotosgeschmückten Teiche, überaus bezaubernd
durch das Lied ihrer Wildgänse, die wilden Pflanzen und
die angebauten Pflanzen und den ganzen anderen Schmuck
für die zu Verehrenden, den die Weite des Äthers umfasst,
und alles das, was niemandem gehört, umfasse ich im Geiste
und opfere sie den Königsweisen mit ihren Söhnen.

Durch diese Praxis entsteht in uns eine Haltung der ständigen Freigebigkeit. Kalu Rinpoche beschreibt dies so: »Jedesmal, wenn wir etwas sehen, das uns durch seine Schönheit berührt, eine Landschaft, ein Gebäude, ein Monument oder eine Blume, bringen wir es in unseren Gedanken als Opfergabe dar.«[38]

Neben der Darbringung von Opfergaben im Geist wird auch das materielle Rauchopfer praktiziert. Es ist eine göttliche Reinigung und geht auf eine alte Tradition der tibetischen Krieger zurück, bei der die Götter und Schützer herbeigerufen werden, damit sie durch ihre Gegenwart alle Hindernisse beseitigen. Bei diesem Ritual werden in einem großen Feuer bestimmte Substanzen, wie beispielsweise Wacholderzweige, verbrannt. Der Wacholder gilt in Tibet als ein heiliger Baum, der beim Verbrennen einen starken Rauch und einen intensiven Duft entwickelt. Mit dem aufsteigenden Rauch bittet der Krieger die Dralha, Schützer und Ahnen, den Erfolg seiner Unternehmungen und Kämpfe zu unterstützen.

Aufgrund des kriegerischen Ursprunges dieses Rituals hat es eine militärische Sprache, in der es um die Zerstörung der Feinde und die Stärkung des Mutes geht. Diese Ausrichtung lässt sich allerdings auch symbolisch deuten. Wir alle sind Krieger, die sich den Herausforderungen unseres Lebens stellen müssen. Mit dieser einfachen Form der Opferung lernen wir, den Mut und die uns innewohnende Kraft zu schätzen.

Tiefes Verlangen und Hingabe

Die Verbindung zu den Gottheiten wir durch Anrufungen hergestellt. Die Anrufung ist Ausdruck der Sehnsucht, die jeder Mensch in sich trägt, und die implizite Anerkennung unserer grundlegenden Hingabe. Diese Sehnsucht kann zahlreiche Ausdrucksformen annehmen, macht aber immer das höchste Streben im Herzen des Menschen sichtbar und verleiht ihm Authentizität.

Im Unterschied zu den Wesen in den fünf anderen Daseinsbereichen, die in der Einfachheit ihres Daseins verweilen, besteht das Leben eines Menschen nicht allein im Durchlaufen eines fortlaufenden Tunnels der Existenz. Ihm ist es möglich, nach der Erkenntnis seiner wahren Natur zu streben, sein Leben ist ihm nicht einfach vorgegeben. Dieser Aspekt macht die Besonderheit des menschlichen Daseins aus und ist der Grund, weshalb es im Buddhismus als noch wertvoller als das Dasein der Devas erachtet wird, denn der Mensch hat die Möglichkeit, sich aus dem Kreislauf der Wiedergeburten zu befreien.

Auch wenn wir ein Gefühl von Vollkommenheit haben, so erfahren wir doch immer wieder Trennung. Dies *ist* unsere menschliche Natur, wir *sind* getrennt. Es besteht keine Möglichkeit, sich selbst die eigene Vollkommenheit vorzugaukeln. Es ist im Gegenteil von zentraler Bedeutung, diesen Aspekt der menschlichen Natur anzuerkennen, denn durch ihn erfahren wir die Trauer und das starke Verlangen, das Leid zu beenden, die der Schlüssel zur Öffnung unseres Herzens sind. Trauer und Verlangen sind der reinste Ausdruck unseres Herzens und ihre Authentizität bildet den Pfad zur Befreiung. Da nach buddhistischer Sichtweise der Weg das Ziel ist, sind Trauer und Verlangen auch das Ziel des Pfades.

Diese Erfahrungen sind nicht, wie es scheinen mag, Ausdruck des Mangels, sondern Ausdruck unserer Natur. Erkennen wir dies an, so erfüllt uns nicht Unglück, sondern Freude, denn der Sehnsucht nach Erkenntnis zu folgen ist der direkte Ausdruck unseres ursprünglichen Reichtums. Die Trauer ist daher kein mutloses Leiden, sondern der Ausdruck der Fülle unseres Herzens und paradoxerweise untrennbar mit der Freude verbunden.

Die Visualisierung der Gottheiten und des Meisters löst in uns das tiefe Verlangen nach einer ebensolchen Perfektion aus. Der tibetische Buddhismus scheut nicht eine gewisse Sentimentalität im Ausdruck seiner tiefen Liebe zur Erleuchtung. Die größten Meister besingen immer wieder diese positive Trauer, die uns der Wirklichkeit jenseits aller kleinen und gewohnheitsmäßigen Manipulationen näherbringt.

Ein wunderschöner Text von Shakbar (1781–1851), einem gro-

139

ßen Meister des tibetischen Buddhismus, den er niederschrieb, als er vom Dahinscheiden seines Lehrers erfuhr, drückt das Wesen dieser Trauer und dieser bedingungslosen Hingabe aus. Nach der Rezitation der Lobpreisungen an Tara und des »Gebets der vollkommenen Handlungen« singt er, erfüllt von Trauer, dieses Klagelied:

Der kostbare König und unvergleichliche Meister
hat das große Schiff des Verdienstes bestiegen,
das auf den Wellen des bodenlosen Ozeans
der Existenzen reitet.
Er hat, jenseits von Leerheit und Ewigkeit,
das Segel der Weisheit gehisst.
Hinweggetragen von den starken Winden
des reinen Strebens, erreicht er
das Königreich der unendlichen Glückseligkeit,
den großen goldenen Kontinent
jenseits des Todes,
jenseits der Geburten.

Ich, sein unglücklicher Schüler,
treibe verlassen inmitten des
Ozeans der Schmerzen.
Vater!
Unvergleichlicher Kapitän!
Du, der du uns vor dem Abgrund
des Kreislaufs der Existenzen gerettet hast!
In welchem Land unendlicher Reinheit
du auch verweilen magst,
ich flehe dich an, mich zu erhören,
und sei es nur einen kurzen Augenblick!
Höre das traurige Loblied deines Sohnes,
verlassen und ohne Schützer und Zuflucht.

Getragen von deinem vergangenen Bestreben
wie die Sonne von ihren smaragdenen Reittieren,
warst du der Schmuck des Himmels,
der königliche Weg der Gottheiten,
der über den schneebedeckten Gipfeln Tibets erstrahlte,
der einzigartige Freund des Lotosfeldes,
der Lehre des Buddha,
der König, dessen erleuchtete Aktivitäten in
zahllosen Strahlenbündeln erstrahlten.
Oh du, Sonne, du bist nun gegangen.

Du hast mich verlassen, leuchtender Komet,
du hast mich allein gelassen, Schützer,
ich bin allein und untröstlich
auf dem Gipfel des Berges vom Niedergang.

Verzweiflung.
Die Elfenbeinblüte umschließt die Nacht,
öffnet sich durch die sanfte
Berührung der Mondstrahlen,
mein Glück ist zerbrochen.

Auch wenn der Geist kein Holz enthält,
brennt die Trauer wie ein loderndes Feuer.

Auch wenn am Himmel meiner Augen
keine Wolken vorüberziehen,
wütet ein entfesselter Tränenstrom.

Schützer!
Auch wenn es mein einziges Bestreben ist,
deinen Schritten zu folgen, haben mich
die mächtigen Feinde der verdunkelnden Gefühle,

in den unentrinnbaren Kerker des Samsara geworfen.
Hier bin ich nun, gefesselt in den Eisenketten
der Abhängigkeit vom Selbst.

Diese Trauer ist nicht mit der Trauer zu vergleichen, die wir aufgrund des Ablebens eines nahen Verwandten oder Freundes empfinden. Vielmehr ist sie der unmittelbare Ausdruck einer tiefen
Sehnsucht nach Erleuchtung.

5
Mythen und Kosmologie

Abschließend möchte ich nun die buddhistische Kosmologie kurz zusammmfassen. So unterschiedlich die buddhistischen Traditionen auch sein mögen, alle sehen im Berg Meru die Weltachse, die in den vier Himmelsrichtungen von Gebirgen, Ozeanen und den vier Kontinenten, auf denen die Lebewesen existieren, umgeben ist. Je näher die Wesen am Gipfel leben, desto subtiler wird ihre Daseinsform. Die Devas verweilen direkt über dem Gipfel.

Das Hinayana hat eine sehr einfache Sichtweise. Hier leben die Höllenbewohner und die Hungergeister unter dem Berg Meru. Die höheren Wesen leben auf dem Gipfel und die höchsten Daseinsformen über dem Gipfel. Die Menschen leben auf Jambu, dem Kontinent des Südens, der Glück und Leiden vereint. Diese Kombination bietet eine günstige Voraussetzung, da hier der Weg zur Befreiung vom Leiden und die Möglichkeit der Erleuchtung erkannt werden kann. Auf Jambu verwirklichte auch Buddha Shakyamuni seine Erleuchtung.

Dem Mahayana, der Tradition des Mitgefühls für alle fühlenden Wesen, zufolge existieren zahllose Reine Länder und Buddhafelder, die das kosmologische Modell des Hinayana über alle Begrenzungen hinaus erweitern. Die eben beschriebene Struktur im Umfeld des Berges Meru wird nicht verneint, aber in eine bedeutend weitere Dimension integriert. Unzählige Buddhas und Bodhisattvas geben fortwährend Unterweisungen, praktizieren die sechs Paramitas (Vollkommenheiten) und vollbringen Wunder zum Wohle aller Wesen.

Aus dieser Perspektive ist die Welt kein Gefängnis, dem man entfliehen müsste, sondern ein Bereich, in dem Erwachen möglich ist. Im Gegensatz zu den Praktizierenden des Hinayana, die man aufgrund ihres Bestrebens, dem Kreislauf der Existenzen zu entkommen und die eigene Erleuchtung zu erlangen, auch als Individualisten bezeichnet, leistet der Bodhisattva einen Beitrag zur Schöpfung neuer Welten, in denen er sein Gelübde, bis zur Befreiung aller fühlenden Wesen tätig zu sein, erfüllen kann.

Die Kosmologie des Vajrayana unterscheidet sich kaum von der des Mahayana. Der tantrische Ansatz betrachtet jedoch die Welt selbst als den Bereich der Erleuchtung. Der Kreislauf der Existenzen und die Möglichkeit seiner Überwindung basieren hier also auf der gleichen Grundlage.

In der Tradition des Dzogchen, die nach Auffassung der Nyingma-Schule den Kulminationspunkt der buddhistischen Lehre bildet, ist die Schöpfung des Universums weder das Ergebnis der Handlungen der Menschen noch der Interaktion des Mitgefühls der Buddhas und anderer fühlender Wesen, sondern das Ergebnis von Rigpa, der reinen und vollkommenen Präsenz. Da Rigpa von Natur aus klar und frei von allen Verunreinigungen ist, sind alle Wesen bereits erleuchtet und durch keine Begrenzungen gebunden. Alle Erscheinungen treten spontan aus dieser reinen Natur hervor – man muss dies nur erkennen.

Schlussbemerkung

Ich hoffe, den Leserinnen und Lesern einen Einblick in die Tiefe und Fülle des tantrischen Buddhismus, wie er bis heute in der tibetischen Tradition praktiziert wird, vermittelt zu haben. Dieses Buch ist keine historische oder psychologische Abhandlung über Mythen, sondern ein Versuch, Interesse für die vielfältigen Gestalten zu wecken, in denen sich das Göttliche manifestiert.

Den Begriff Götter sollte man vielleicht, im Gegensatz zu seiner üblichen Verwendung, den nicht-weltlichen Gottheiten vorbehalten, die das strahlende Antlitz der Erleuchtung manifestieren, denn die lokalen und weltlichen Gottheiten, die nicht erleuchtet und nicht unsterblich sind, entsprechen dem Strahlen des Göttlichen nicht. Sie sind abhängig von unseren Opfergaben, das heißt, sie leben von der Kommunikation, die wir mit ihnen herstellen. Sie identifizieren sich mit unserer Meinung über sie, werden durch den Erhalt unserer Opfergaben unseren Projektionen unterworfen und verlieren das Bewusstsein für ihr eigenständiges Wesen.

Man wendet sich nicht an all diese Gottheiten, von denen einige einen negativen Charakter haben, sondern bezieht sich auf die Gottheiten, die einem hilfreich sein können. Man setzt auch kein besonderes Vertrauen in sie, respektiert sie aber und bittet sie, das Notwendige zu tun.

Die Tatsache, ein menschliches Wesen zu sein, erfordert die Fähigkeit, zwischen den verschiedenen Göttern und Gottheiten differenzieren zu können und zu wissen, welche man respektieren oder unterwerfen muss und welche Gottheiten einen auf dem Weg unterstützen können.

Im Gegensatz zu den weltlichen Gottheiten befinden sich der Guru, die Yidams, Buddhas und Bodhisattvas jenseits aller Formen der Trennung, denn sie sind die Manifestation unserer eigenen wahren Natur, mit der sich alle Menschen vereinen und die sie zur Blüte bringen wollen. Die Wahrnehmung ihrer Gegenwart kann uns bereits in Kontakt mit der unendlichen Fülle unseres Herzens bringen.

Wenn man sich das erste Mal dieser Dimension öffnet, ist es von Bedeutung, die Gegenwart der Götter nicht als eine Abstraktion zu empfinden, sondern sie als wirklich zu erkennen und somit eine durchdringende Intuition zu entwickeln, die das eigentliche Ziel der spirituellen Praxis ist. Wie bereits erwähnt, unterscheidet sich der Weg des Buddha vom Weg der Asketen durch die Entwicklung von »Vidya«, der durchdringenden Erkenntnis. Ichlosigkeit basiert auf Einsicht, und Einsicht erwächst nicht aus einer Anhäufung von Wissen, sondern aus der Fähigkeit, die lebendige Gegenwart klar und deutlich wahrzunehmen. Die Verbindung mit den Göttern ist nicht nur eine Vorstufe des Pfades, sie erfüllt ihn von Anfang bis Ende.

Gerade in der modernen Zeit, die die religiösen Erfahrungen in den Hintergrund drängt und den Menschen in seiner Wahrnehmung immer weiter isoliert, ist es von großer Bedeutung, den Mythos als direkte Manifestation des Göttlichen wieder zu entdecken. Wir haben die Tendenz, uns der Wirklichkeit immer stärker zu bemächtigen. Diese Tendenz führt zu einem, wie Pierre Legendre es ausdrückt, Blick des Verwaltens, des Managements auf die Welt: »Das Management predigt eine transparente, rationale und gute Macht, es vertreibt die mythologische Finsternis und ist überzeugt von der Nutzlosigkeit von Zeremonien.«[39]

Wir nähern uns dadurch einem Zustand, den Georges Bernanos so beschreibt: »Diese Art der Zivilisation, die man noch als solche bezeichnet, obwohl sie in ihrer Zerstörungskraft keiner Barbarei nachsteht, bedroht nicht nur die Werke des Menschen, sondern auch den Menschen selbst. Sie ist in der Lage, die Natur grundlegend zu verändern, nicht indem sie diese fördert, sondern indem sie diese unterdrückt. Sie wird, da sie sich durch ihre kolossale Propaganda in unser Bewusstsein eingegraben hat, bald ihr eigenes Menschenmaterial erschaffen können, das ihren Anforderungen angepasst ist.«[40]

Von der Erfahrung des Göttlichen ausgehend, ließe sich mit Martin Heidegger fragen: »Durch welche Höllen muß der Mensch noch hindurch, bis er erfährt, daß er sich nicht selbst macht?«[41]

Man sollte nicht der Vorstellung des modernen Zynismus verfallen, dass heutzutage eine lebendige Beziehung zu den Göttern unmöglich sei und man sich dem ununterbrochenen Strom der Zeit überlassen müsse.

Die Moderne stellt das klassische Denken auf den Kopf. Sie versetzt den Menschen in eine Situation, in der sich ihm keine Autorität mehr aufzwingen kann. Diese auch als der Tod Gottes – Gott als Referenzpunkt und Garantie der Gesamtheit der Realität – beschriebene Situation eröffnet paradoxerweise vielleicht die Möglichkeit einer neuen Verbindung zum Göttlichen, die von größerer Direktheit, Einfachheit und Unmittelbarkeit geprägt ist. Hierin besteht die Chance, eine vollkommen neue Beziehung zur Tradition aufzunehmen, die nicht auf Knechtschaft, sondern auf tatsächlicher Freiheit beruht.

Das Vajrayana, der authentische Weg der Einweihung, bietet dem entmenschlichten Menschen die Möglichkeit, die göttliche Gegenwart wiederzuentdecken. Nicht indem Dogmen eingehalten werden, sondern indem man Methoden zur präziseren Überprüfung der eigenen Erfahrung findet und die eigene Unbegrenztheit entdeckt.

Der Buddhismus sollte allerdings nicht als das Allheilmittel für das Elend und die Verzweiflung unseres Zeitalters betrachtet werden. Er wird die Götter aus ihrer Zurückgezogenheit nicht wieder in die Welt zurückholen. Der Buddhismus zeigt einen unspektakulären und schwierigen Weg für die kontinuierliche Demaskierung unserer Heuchelei, er hilft uns, den Weg unseres eigenen Herzens wiederzufinden und ein uneingeschränktes Vertrauen in die Klarheit und mitfühlende Wärme der Erleuchtung aufzubauen.

Noch existiert eine der letzten Traditionen mit lebenden Meistern, die die Wahrheit ihrer Lehren verkörpern. Sie machen uns Mut, über die bequeme, aber auch unangenehme Welt unserer Hoffnungen und Ängste in einer Weise hinauszugehen, die unsere Beziehung zur Welt und der Gesellschaft insgesamt verändert.

Anmerkungen

1 Henri Cretella: *La théologie de Heidegger*. Berlin: Duncker und Humbolt, 1995, S. 14.
2 Walter F. Otto: *La percée jusqu'au mythe – Der Durchbruch zum Mythos* (zweisprachige Ausgabe). Paris: TER, 1987, S. 11.
3 Martin Heidegger: *Nietzsche*. In: ders.: Gesamtausgabe, Band 6.1, Frankfurt am Main: Vittorio Klostermann, 1996, S. 287.
4 Walter F. Otto: *Theophanie: der Geist der altgriechischen Religion*. Frankfurt am Main: Vittorio Klostermann, 1975, S. 3.
5 Martin Heidegger: *Was heißt Denken?* Tübingen: Max Niemeyer, 1997, S. 7.
6 René Guénon: *La Crise du monde moderne*. Paris: Gallimard, 1973, S. 146.
7 Chögyam Trungpa: *Vajrayana Seminary*. Halifax: Vajradhatu Publications, 1975, S. 34.
8 Walter F. Otto: *Theophanie. Der Geist der altgriechischen Religion*. Frankfurt am Main: Vittorio Klostermann, 1975, S. 22.
9 Zitiert in: Walter F. Otto: *Der Geist der altgriechischen Religion*. S. 55–56.
10 Françoise Bonardel: *L'Hermétisme*. Paris: PUF, 1985, S. 49.
11 Tulku Urgyen: *Rainbow Painting*. Boudhanath: Rangjung Yeshe Publications, 1995, S. 85.
12 René Guénon: *Mélanges*. Paris: Gallimard, 1976, S. 27.
13 Guiseppe Tucci: *Théorie et Pratique du Mandala*. Paris: Fayard, 1974 S. 57.
14 Chögyam Trungpa, *Voyage sans fin*. Paris: Éditions du Seuil, 1992, S. 103.
15 Joseph Goldstein: *L'Expérience de la clarté intérieure*. Paris: Éditions Adyar, 1988, S. 201.
16 Chögyam Trungpa: *Tantra, la voie de l'ultime*. Paris: Édition du Seuil, 1996, S. 159.
17 Dalai Lama: *Kalacakra, Enseignements préliminaires et initiations*. Marzens: Éditions vajra Yogini, 1988, S. 75.
18 Dalai Lama: *Kalachakra-Tantra*. Berlin: Theseus Verlag, 2002.

19 René Guénon: *Aperçus sur l'initiation*. Paris: Éditions Traditionelles, 1992, S. 205.

20 René Guénon: *L'Ésotérisme de Dante*. Paris: Gallimard, 1957, S. 74.

21 Dalai Lama: *Le Yoga de la sagesse*. Paris: Presses du Châtelet, 1999, S. 111.

22 Dalai Lama: *Le Yoga de la sagesse*, S. 16.

23 Hannah Arendt: *Zwischen Vergangenheit und Zukunft*. München: Pieper, 1994, S. 187.

24 Hannah Arendt: ebd., S. 192.

25 Dilgo Khyentse: *La fontaine de grâce*. Saint-Léon-sur-Vézère: Éditions Padmakara, 1995, S. 27.

26 René Guénon: *Mélanges*. Paris: Gallimard, 1976, S. 55.

27 Chögyam Trungpa: *Folle Sagesse*. Paris: Éditions du Seuil, 1993, S. 33.

28 Samten G. Karmay: Introduction générale à l'histoire et aux doctrines du Bön. In: *La Nouvelle Revue tibétaine*, Mai 1985, Nr. 11.

29 David L. Snellgrove: *Indo-Tibetan Buddhism*. London: Serinidia Publications, 1987, S. 390.

30 Namkhai Norbu: *Le collier de gZi, une histoire culturelle du Tibet*. Saint-André-de-Majancoules: Communauté Dzog-chen France, 1991.

31 Samten G. Karmay: Introduction générale à l'histoire et aux doctrines du Bön. In: *La Nouvelle Revue tibétaine*, Mai 1985, Nr. 11.

32 Samten G. Karmay: ebd.

33 Chögyam Trungpa: *Tantra, la voie ultime*. Paris: Éditions du Seuil, 1990, S. 65.

34 Chögyam Trungpa: *Le Coeur du sujet*. Paris: Éditions du Seuil, 1993, S. 196.

35 Chögyam Trungpa: *Folle Sagesse*. Paris: Éditions du Seuil, 1993, S. 51.

36 Chögyam Trungpa: *Tantra, la voie de l'ultime*. Paris: Éditions du Seuil, 1996, S. 208.

37 Santideva: *Eintritt in das Leben zur Erleuchtung*. München: Eugen Diederichs Verlag, 1997, S.27.

38 Kalu Rinpoche: *Buddhisme ésoterique*. Mas Vinsargues: Claire Lumière, 1993, S. 120.

39 Pierre Legendre: *La Fabrique de l'homme occidental*. Paris: Éditions Mille et une nuits, 1996, S. 7.

40 Georges Bernanos: *Révolution et liberté*. In: La Liberté pour quoi faire? Paris: Gallimard. 1953, S. 126.

41 Brief von Martin Heidegger an Hannah Arendt vom 12. April 1968. Aus: Hannah Arendt/Martin Heidegger: *Briefe 1925 bis 1975 und andere Zeugnisse*. Frankfurt am Main: Vittorio Klostermann, 1998, S. 167.

Glossar

Abisheka (tib. *wang*): Einweihung oder Ermächtigung. Wörtlich: Übertragung der Kraft. Im Vajrayana die Zeremonie der Übertragung der Kraft der Übertragungslinie in Form symbolischer Rituale.

Amrita (tib. *dütsi*): Nektar als Symbol der Weisheit und Unsterblichkeit.

Arhat (tib. *dra tchompa*): Der Vollendete, der würdige Vertreter des buddhistischen Ideals, der aus der Sicht des Hinayana seine Leidenschaften endgültig überwunden und das perfekte Wissen erlangt hat. Ein Arhat hat die höchste Befreiung (skt. *nirvana*), aber noch nicht die Perfektion der Ebene eines Buddha verwirklicht.

Asura (tib. *lhamayin*): Eines der Wesen der sechs Daseinsbereiche. Die Eifersüchtigen Götter, die sich im ständigen Kampf mit den Devas befinden.

Bodhisattva (tib. *jangjub sempa*): Der Held des erleuchteten Geistes, der sich dem Weg des Mitgefühls und der Sechs Vollkommenheiten (skt. *paramita*) verschrieben hat. Im Mahayana verkörpert er das Ideal des Praktizierenden, der seiner eigenen Befreiung mit dem Ziel entsagt, alle anderen fühlenden Wesen vom Leiden und den Ursachen des Leidens zu befreien.

Buddha (tib. *sangye*): Ein vollkommen erwachtes Wesen. Ein Buddha reinigt alle Leidenschaften und entwickelt alle Qualitäten der Erleuchtung. Die Ebene eines Buddha ist daher vollkommen, perfekt, allwissend und frei von allen Konditionierungen.

Daka (tib. *pawo*): Tantrisches Äquivalent des Bodhisattva. Der vollendete Praktizierende.

151

Dakini (tib. *khandroma*): Wörtlich: Himmelswandlerin. Weibliche spirituelle Wesen, die mit der Weisheit in Verbindung stehen.

Deva (tib. *lha*): Eines der Wesen der sechs Daseinsbereiche. Die himmlischen Götter, die in Glückseligkeit leben, aber dennoch wie alle Wesen dem Kreislauf der Wiedergeburten unterworfen sind. Diese Wesen erfreuen sich aufgrund ihrer vergangenen guten Taten eines langen und glücklichen Lebens. Diese Glückseligkeit bildet jedoch auch das Hindernis ihres Fortschreitens auf dem Weg der Befreiung, denn sie verschleiert die Erkenntnis der Wahrheit des Leidens und verhindert eine Hinwendung zum Dharma. Siehe auch **Lha**.

Dharma (tib. *tchö*): Das kosmische Gesetz, die Ordnung des Universums, im erweiterten Sinn die Lehre des Buddha über das essenzielle Wesen der Erscheinungen. In einem anderen Zusammenhang steht der Begriff Dharma auch für die Erscheinungen selbst.

Dharmadhatu (tib. *tchökyi ying*): Der absolute Raum, Synonym für Leerheit.

Dharmapala (tib. *tchö kyong*): Männliches oder weibliches spirituelles Wesen, das häufig ein Dämon gewesen war und nach seiner Zähmung durch einen buddhistischen Meister das Gelübde abgelegt hat, den Dharma zu beschützen.

Dharmakaya (tib.: *tchöku*): Der Körper des Gesetzes oder auch der Körper der Qualitäten. Er steht für die direkte Einsicht in die Natur der Erscheinungen. Er ist die wahre unerschütterliche und zeitlose Natur eines Buddha und entspricht der absoluten Wirklichkeit.

Dzogchen (skt. *mahasandhi*): Die Große Perfektion, eine andere Bezeichnung des Atiyoga, der höchsten Ebene der neun Fahrzeuge. Die Ebene der ursprünglichen Perfektion aller Wesen und aller Erscheinungen.

Gandharva (tib. *drisa*): Eine Art Halbgötter aus dem brahmanischen Pantheon, die als Musiker und Sänger an den Festen der Götter teilnehmen. Sie ernähren sich, je nach ihrem Karma, von guten oder schlechten Gerüchen.

Garuda (tib. *khyung*): Ein mythologischer Raubvogel, Falke oder Adler, aus dem brahmanischen Pantheon. Er schlüpft vollständig entwickelt aus einem Ei und symbolisiert die Ebene des Erleuchtungsgeistes.

Gelugpa: Eine der vier Hauptschulen des tibetischen Buddhismus, gegründet von Je Tsongkhapa (1357–1419), und jüngste der drei Schulen der neuen Tradition.

Gantha (tib. *drilbu*): Eine Ritualglocke als Symbol der Leerheit und der unerschütterlichen, unzerstörbaren, alles durchdringenden Weisheit. Sie wird in Verbindung mit dem Diamantzepter (siehe Vajra), dem Symbol der Methode, verwendet.

Heruka (tib. *tragtung*): Wörtlich: Bluttrinker. Zornvoller Aspekt der männlichen Gottheiten, die das Blut des Ego trinken.

Hinayana (tib. *thegpa chungwa*): Das Kleine Fahrzeug. Nach der Sichtweise des Vajrayana ist das Hinayana das erste Fahrzeug der Entsagung und Vier Edlen Wahrheiten, das alle Praktizierenden auf dem Weg nehmen müssen. Im Gegensatz zu den Anhängern des Theravada wird es im Mahayana und Vajrayana nicht als das höchste Fahrzeug betrachtet.

Jina (tib. *gyalwa nga*): Die fünf kosmischen Buddhas.

Kagyüpa: Eine der vier Schulen des tibetischen Buddhismus, gegründet von Marpa, dem Schüler der indischen Mahasiddhas Tilopa und Naropa. Diese Linie der mündlichen Übertragung wurde weitergeführt von seinem Schüler Milarepa, dessen Schüler Gampopa und bis in die Gegenwart von den Karmapas.

Kalpa: Kosmischer Zeitzyklus von unermesslicher Dauer.

Karma (tib. *le*): Wörtlich: Handlung. Das universelle Gesetz der Kausalität, nach dem jede Handlung direkte oder spätere Konsequenzen nach sich zieht, die positiven oder negativen Früchte einer Handlung, deren Reifung über die Zeitspanne eines Lebens hinaus in folgende Existenzen hineinreichen kann, bis das Karma vollständig aufgelöst ist.

Khatvanga: Ein ritueller Stab, der das Attribut zahlreicher Gottheiten des Vajrayana ist. In der Form eines Dreizack (skt. *trisul*) symbolisiert er die Überwindung der drei Geistesgifte Verblendung, Hass und Gier. Ein Khatvanga in der Armbeuge des linken Armes einer tantrischen Gottheit symbolisiert in einigen Fällen auch die mystische Gefährtin oder den mystischen Gefährten in verborgener Form.

Kila (tib. *phurba*): Ein pyramidenförmiger Ritualdolch mit drei Klingen, der die durchdringende Aktivität der Buddhas und die Auflösung aller Hindernisse symbolisiert.

Klesha (tib. *nyön mong*): Konflikte des Geistes und der Gefühle. Alle mentalen Phänomene, die den Geist aufwühlen.

Lha (skt. *deva*): Die Gottheit oder der Gott in seiner wohlwollenden Eigenschaft. Teilweise auch eine Bezeichnung für die Buddhas, Yidams und weltlichen Gottheiten. Siehe auch **Deva**.

Lhasang: Ein Rauchopfer aus der Tradition der alten Kriegerkasten Tibets. Dieses Ritual wendet sich an die Götter und Schützer zur Beseitigung aller Hindernisse durch ihre Präsenz.

Mahakala/Mahakali (tib. *gönpo nagpo*): Schützer beziehungsweise Schützerinnen des Dharma von allgemein schwarzer oder dunkler Hautfarbe. Die Bezeichnung Mahakala setzt sich zusammen aus den Sanskritbegriffen *maha* (groß) und *kala* oder weiblich *kali* (schwarz).

Mahamudra (tib. *tchagya tchenpo*): Das Große Siegel der absoluten Natur aller Erscheinungen. Diese unmittelbare Betrachtung der wahren Natur des Geistes ohne Anstrengung ist die höchste Lehre der Schule der Kagyüpa.

Mahayana (tib. *thegpa tchenpo*): Das Große Fahrzeug, das sich schrittweise zwischen 150 v. u. Z. und 300 u. Z. entwickelt und als Schwerpunkt auf das Mitgefühl ausgerichtet hat. Die Schule des Mahayana stützt sich auf das Ideal des Bodhisattva und die Verwirklichung der Leerheit.

Mahasiddha/Mahasiddhi (tib. *drubchen*): Die großen Halter der perfekten Verwirklichung. Bekannt sind vor allem die 84 Mahasiddhas/Mahasiddhis, die zwischen dem 7. und 12. Jahrhundert in Indien lebten. Die Mahasiddhas/Mahasiddhis führten als Mann oder Frau ein äußerst unkonventionelles Wanderleben als Laien und heilige Magier und prägten den Begriff der Verrückten Weisheit.

Mandala (tib. *kyilkhor*): Wörtlich: Kreis oder Bereich. In der tibetischen Bezeichnung steht *kyil* für das Zentrum und *khor* für die Peripherie des Kreises. Ein Mandala umschließt das spirituelle Feld der Erleuchtung.

Mantra (tib. *ngag*): Eine oder mehrere Silben, die den Geist des Praktizierenden des Vajrayana vor einer gewöhnlichen Wahrnehmung schützen. Der Praktizierende verbindet ein Mantra mit der Präsenz eines Yidam oder einer Gottheit. Ein Mantra ist die Manifestation der höchsten Erleuchtung in Form von Klang.

Mudra (tib. *tchagya*): Wörtlich: Siegel oder Geste. Eine in Rituale einbezogene symbolische Haltung oder Geste der Hände.

Naga (tib. *lu*): Eine in Gewässern lebende Wesensform. Nagas leben unter der Erde und sind die Schützer der Bodenschätze. Sie gelten als gefährlich, wenn man sie oder ihr Reich verletzt, und rächen sich, indem sie den Verantwortlichen mit Krankheit schlagen. Nach tibetischer Auffassung sind vor allem Hautkrankheiten auf eine Verletzung der Domäne der Nagas zurückzuführen.

Nirmanakaya (tib. *tulku*): Der Ausstrahlungskörper und einer der beiden Formkörper (skt. *rupakaya*), in denen Buddha zum Wohl aller fühlenden Wesen handelt.

Nyingmapa: Die älteste der vier Hauptschulen des tibetischen Buddhismus. Sie wurde im 8. Jahrhundert von Guru Rinpoche (Padmasambhava) und den Mönchen Vimalamitra und Vairocana gegründet.

Prajna (tib. *sherab*): Das direkte und perfekte Wissen um die Wahrheit, die zur Befreiung führt. Dieses Wissen ist nicht begrenzt von einer dualistischen Wahrnehmung. Prajna ist die intuitive Erkenntnis der Leerheit aller Erscheinungen und wird häufig symbolisiert durch das Flammenschwert von Manjushri, das die Dunkelheit der Unwissenheit durchschneidet und die dualistische Wahrnehmung auflöst.

Prana (tib. *lung*): Die Lebensenergie, die durch die Energiezentren (skt. *chakra*) und Energiekanäle (skt. *nadi*) des Körpers fließt und diesen mit dem Geist verbindet. Dieser Begriff wird, wie beispielsweise im Tibetischen, als Wind übersetzt.

Rakshasa (tib. *sinpo*): Ein Dämon, der jede beliebige Form annehmen kann. Rakshasas sind böswillig und ernähren sich von Menschenfleisch.

Sadhana (tib. *drubthab*): Methode der Realisierung einer Gottheit. Ein Sadhana umfasst die Zufluchtnahme, die Visualisierung der Gottheit, die Rezitation ihres Mantra, die Auflösung der Visualisation und die Widmung der durch das Sadhana erlangten Verdienste an alle fühlenden Wesen.

Samadhi (tib. *ting nge dsin*): Konzentrierte Kontemplation durch die Befriedung des Geistes.

Sambhogakaya (tib. *longku*): Der Körper der vollkommenen Freude oder des vollkommenen Genusses. Einer der beiden Formkörper (skt. *rupakaya*). Sein Wirkungsbereich sind die Reinen Länder der Buddhas.

Samsara (tib. *khorwa*): Wörtlich: Wanderung. Der Kreislauf der Existenzen durch Tod und Wiedergeburt, dem man nur durch die höchste Befreiung entrinnen kann. Die Kausalkette des Samsara ist das Ergebnis von Handlungen, die geprägt sind von den drei Geistesgiften Gier (skt. *trishna*), Verblendung (skt. *avidhya*) und Hass (skt. *avesha*).

Sangha (tib. *gendün*): Die buddhistische Gemeinschaft der Praktizierenden.

Shamata (tib. *shine*): Praxis der stillen Meditation mit dem Ziel der Beruhigung des Gedankenflusses durch Konzentration auf ein Objekt (z. B. Atem, Mantra, Bild oder Statue einer Gottheit).

Shunyata (tib. *tong pa nyi*): Die Leerheit. Abwesenheit einer unabhängigen, tatsächlichen Existenz.

Skandha (tib. *pungpo*): Wörtlich: Ansammlung oder Aggregat. Die fünf Elemente, aus denen sich der einzelne Mensch zusammensetzt: Form (skt. *rupa*), Gefühl (skt. *vedana*), Wahrnehmung (skt. *samjna*), Bildkraft des Geistes (skt. *samskara*) und Bewusstsein (skt. *vijnana*).

Sutra (tib. *do*): Wörtlich: Leitfaden oder Regel. Lehrreden des Buddha.

Tantra (tib. *gyü*): Wörtlich: Kontinuität. Dieser Begriff bezeichnet die wahre Natur aller Dinge und Situationen im Kontinuum von Samsara und Nirvana, den reinen Ausdruck der Leerheit aller Erscheinungen. Die Praxis des Tantra ist auf die Entwicklung der direkten Erkenntnis dieser Leerheit ausgerichtet.

Tathagata (tib. *deshin shegpa*): Wörtlich: der So-Gegangene. Einer, der durch sich selbst das höchste und endgültige Erwachen erlangt hat. Eine andere Bezeichnung für Buddha Shakyamuni.

Terma: Dieser spezifisch tibetische Begriff bezeichnet einen spirituellen Schatz (Lehren, Statuen, Objekte oder Rituale), der von Guru Rinpoche zum Wohle späterer Generationen verborgen wurde. Termas wurden (und werden) von als Tertön bezeichneten Personen, meistens Schülern von Guru Rinpoche, wiederentdeckt. Die Fundorte dieser Termas sind vielfältig und umfassen Erde, Seen, Ozeane, Felsen, Bäume, Himmel und subtilere Orte, wie beispielsweise Visionen einiger Tertön während ihrer geistigen Versenkung.

Vajra (tib. *dorje*): Ein Ritual-Instrument, im Hinduismus ursprünglich der Donnerkeil Indras, im tibetischen Buddhismus der unzerstörbare Diamant oder das Diamantzepter als Symbol des unzerstörbaren Erleuchtungsgeistes und der Methode, diesen durch den richtigen Einsatz der angemessenen Mittel zu verwirklichen. In Verbindung mit der Glocke (siehe Gantha) symbolisieren beide die Einheit von Methode und Weisheit.

Vajrayana (tib. *dorje thegpa*): Das Diamantfahrzeug, das die Frucht der Erleuchtung als Pfad einsetzt, da aus der Sichtweise dieser Schule die Weisheit aller Buddhas (Erleuchtungsgeist) bereits dem Geist des Menschen inhärent ist.

Verwirklichung (tib. *drub*, skt. *adhigama*): Etwas in seiner Gesamtheit erfassen, integrieren, im Inneren manifestieren; direkte Erkenntnis.

Yana (tib. *thegpa*): Wörtlich: Fahrzeug, Synonym für den Pfad oder die Methode. Der Buddhismus umfasst drei Yanas. Das Hinayana mit einer Ausrichtung auf die individuelle Befreiung, das Mahayana mit einer altruistischen Ausrichtung und das Vajrayana als den Weg des Erkennens der inhärenten Reinheit aller Erscheinungen. Die ersten beiden Fahrzeuge sind aus der Sicht des tibetischen Buddhismus integrale Bestandteile des Vajrayana.

Yab-Yum: Wörtlich: Vater-Mutter. Die Darstellung der Vereinigung einer männlichen Gottheit mit seiner spirituellen Gefährtin. Die männliche Gottheit (Yab) repräsentiert die Methode (skt. *upaya*), die weibliche Gottheit (Yum) die Weisheit (skt. *prajna*). Ihre körperliche Vereinigung symbolisiert die Untrennbarkeit dieser beiden Aspekte sowie die untrennbare Einheit von Leerheit und Erscheinung.

Yidam (skt. *istadevata*): Wörtlich: Die im Herzen gebundene Gottheit. Eine Gottheit als Stütze der Meditation. Diese männliche oder weibliche Gottheit repräsentiert als friedlicher, halb zornvoller oder zornvoller Aspekt die Aktivität der vollkommenen Buddhas. Im tantrischen Buddhismus ist der Yidam eine persönliche Schutzgottheit, die der Meister seinem Schüler überträgt und deren Qualitäten der Schüler durch die Praxis dieser Gottheit entwickeln soll.

Bibliographie

Arendt, Hannah: *Zwischen Vergangenheit und Zukunft*. München: Pieper, 1994.
Arendt, Hannah und Martin Heidegger: *Briefe 1925 bis 1975 und andere Zeugnisse*. Frankfurt am Main: Vittorio Klostermann, 1998.

Beaufret, Jean: *Leçons de philosophie*. Paris: Éditions du Seuil, 1998.
Bernanos, Georges: *Révolution et liberté*. In: La Liberté pour quoi faire? Paris: Gallimard. 1953.
Bonardel, Françoise: *L'Hermétisme*. Paris: PUF, 1985.

Cretella, Henri: *La théologie de Heidegger*. Berlin: Duncker und Humblot, 1995.

Dalai Lama: *Kalacakra, Enseignements préliminaires et initiations*. Marzens: Éditions vajra Yogini, 1988.
Dalai Lama: *Le Yoga de la sagesse*. Paris: Presses du Châtelet, 1999.
Dalai Lama: *Kalachakra-Tantra*. Berlin: Theseus Verlag, 2002.

Fédier, François : *Regarder Voir*. Paris: Les Belles Lettres/Archimbaus, 1995.

Goldstein, Joseph: *L'Expérience de la clarté intérieure*. Paris: Éditions Adyar, 1988.
Guénon, René: *La Crise du monde moderne*. Paris: Gallimard, 1973.
Guénon, René: *Mélanges*. Paris: Gallimard, 1976.
Guénon, René: *Aperçus sur l'initiation*. Paris: Éditions Traditionelles, 1992.
Guénon, René: *L'Ésotérisme de Dante*. Paris: Gallimard, 1957.

Hayward, Jeremy: *Le Monde sacré de Shambhala*. Paris, Éditions du Seuil, 1999.
Heidegger, Martin: *Holzwege*. In: Ders.: Gesamtausgabe Band 5. Frankfurt am Main: Vittorio Klostermann, 1977, S. 76.

Heidegger, Martin: *Nietzsche*. In: Ders.: Gesamtausgabe, Band 6.1, Frankfurt am Main: Vittorio Klostermann, 1996, S. 287.
Heidegger, Martin: *Was heißt Denken?* Tübingen: Max Niemeyer, 1997.

Kalu Rinpoche: *Buddhisme ésoterique*. Mas Vinsargues: Claire Lumière, 1993.
Karmay, Samten G.: Introduction générale à l'histoire et aux doctrines du Bön. In: *La Nouvelle Revue tibétaine,* Mai 1985, Nr. 11.
Khyentse, Dilgo: *La fontaine de grâce.* Saint-Léon-sur-Vézère: Éditions Padmakara, 1995.
Khyentse, Dilgo: *Das Herzjuwel der Erleuchtung*. Berlin: Theseus Verlag, 2002.
Kornman, Robin: *Gesar of Ling, A tribal history*: Religion of Tibet in practice. Princeton: Princeton University Press, 1997.

Legendre, Pierre: *La Fabrique de l'homme occidental*. Paris: Éditions Mille et une nuits, 1996.

Norbu, Namkhai: *Le collier de gZi, une histoire culturelle du Tibet*. Saint-André-de-Majancoules: Communauté Dzog-chen France, 1991.

Otto, Walter F.: *La percée jusqu'au mythe – Der Durchbruch zum Mythos* (zweisprachige Ausgabe). Paris: TER, 1987.
Otto, Walter F.: *Theophanie: der Geist der altgriechischen Religion*. Frankfurt am Main: Vittorio Klostermann, 1975.

Santideva: *Eintritt in das Leben zur Erleuchtung*. München: Eugen Diederichs Verlag, 1997.
Snellgrove, David L.: *Indo-Tibetan Buddhism*. London: Serinidia Publications, 1987.

Trungpa, Chögyam: *Le Coeur du sujet*. Paris: Éditions du Seuil, 1993.
Trungpa, Chögyam: *Folle Sagesse*. Paris: Éditions du Seuil, 1993.
Trungpa, Chögyam: *Der Mythos der Freiheit und der Weg der Meditation*. Berlin: Theseus Verlag, [4]2001.
Trungpa, Chögyam: *Spirituellen Materialismus durchneiden*. Berlin: Theseus Verlag, [4]1999.
Trungpa, Chögyam: *Tantra, la voie ultime*. Paris: Éditions du Seuil, 1990.
Trungpa, Chögyam: *Vajrayana Seminary*. Halifax: Vajradhatu Publications, 1975.
Trungpa, Chögyam: *Voyage sans fin*. Paris: Éditions du Seuil, 1992.
Tucci, Guiseppe: *Théorie et Pratique du Mandala*. Paris: Fayard, 1974.

Urgyen, Tulku: *Rainbow Painting*. Boudhanath: Rangjung Yeshe Publications, 1995.